墨香财经学术文库

"十二五"辽宁省重点图书出版规划项目

湖北省社科基金后期资助项目（2021196）研究成果

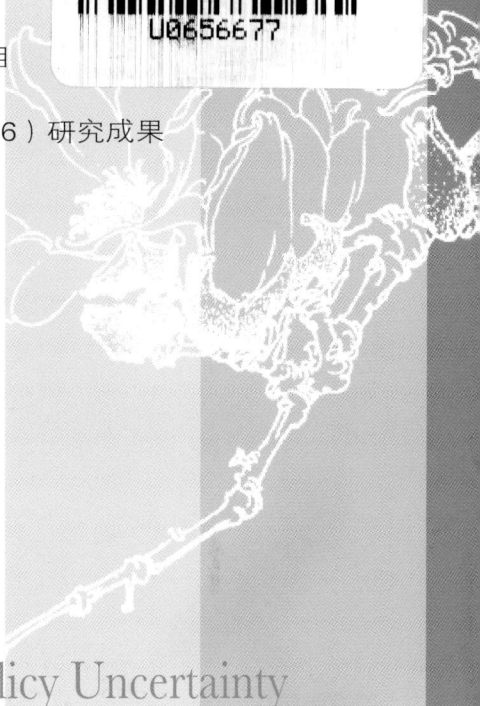

Research on Economic Policy Uncertainty
and Corporate Risk-taking

陈莉萍 ◎ 著

经济政策不确定性
与企业风险承担研究

东北财经大学出版社
Dongbei University of Finance & Economics Press

大连

图书在版编目（CIP）数据

经济政策不确定性与企业风险承担研究 / 陈莉萍著. —大连：东北财经大学出版社，2022.12

（墨香财经学术文库）

ISBN 978-7-5654-4687-0

Ⅰ. 经… Ⅱ. 陈… Ⅲ. 经济政策-影响-企业管理-风险管理-研究-中国 Ⅳ. F279.23

中国版本图书馆 CIP 数据核字（2022）第 219524 号

东北财经大学出版社出版发行

大连市黑石礁尖山街 217 号　邮政编码　116025

网　　　址：http：//www.dufep.cn

读者信箱：dufep @ dufe.edu.cn

大连永盛印业有限公司印刷

幅面尺寸：170mm×240mm　字数：161 千字　印张：11　插页：1

2022 年 12 月第 1 版　　　　2022 年 12 月第 1 次印刷

责任编辑：李　栋　周　慧　　责任校对：何　莉

封面设计：冀贵收　　　　　　版式设计：原　皓

定价：46.00 元

前　言

　　企业风险承担水平反映了企业在投资决策中积极主动地选择那些风险高但预期净现值（NPV）为正的投资机会。尽管承担过度的风险可能会导致企业破产，但是几乎没有企业可以不承担风险而获得成功。从企业层面来看，选择高风险的项目是管理者对投资机会充分识别和利用的结果，可以显著提高资本配置效率和企业价值；从社会层面来看，高风险的项目可以带来高回报，促进技术进步，加快社会的资本积累，使社会生产率维持在较高水平。因此，适当地提高企业的风险承担水平对提升我国企业价值和促进社会经济增长都有十分重要的意义。

　　2017年党的十九大报告中提出，中国经济由高速增长阶段转为高质量发展阶段，在微观上，高质量发展要建立在企业生产要素、生产力、全要素效率的提高之上，而非靠要素投入量的扩大，高质量发展的根本在于经济体的活力、创新力和竞争力上，这必然要求企业承担一定的风险，增大研发投入，积极创新，提高企业的资源配置效率，选择一些高风险项目。人们已然意识到适当的风险承担可以为企业、为组织乃至整个社会带来积极的促进作用。

但是，选择高风险项目离不开对宏观经济形势的预判，外部经济政策的不确定性会直接影响到微观企业决策行为。近年来，中国经济政策不确定性指数持续走高，2019年至2020年其平均值飙升到900以上。新冠肺炎疫情席卷全球、我国全面深化经济体制改革、推进供给侧结构性改革、实施房价管控等均增加了企业外部环境的不确定性，加之全球经济一体化、单边主义、贸易保护主义抬头，任何一个地方的政治风险事件都有可能引发其他国家经济的大幅波动，这使得企业所处的外部环境变幻莫测。随着经济政策不确定性的增大，企业投资环境将发生深刻变化，这会直接削弱管理层精确预测未来投资回报的能力，因此，经济政策不确定性的升高有可能导致错误的决策或者比错误决策更大的损失（Gulen和Ion，2012）。在当前较高的经济政策不确定性环境下探讨其对企业风险承担的影响非常有现实意义，这也是宏微观结合研究值得关注的重要话题。

本书采用了EPU指数度量经济政策的不确定性，该指数由斯坦福大学的贝克（Baker）、布鲁姆（Bloom）和芝加哥大学的戴维斯（Davis）三位教授及其团队基于新闻媒介和网络搜索信息构建。非常重要的是，这种度量方法很好地解决了单一政策检验时的不连续性，可以综合反映一个国家整体经济政策不确定性的严重程度，克服了经济政策不确定性在量化方面的缺陷。经济政策是一个非常复杂的集合体，不仅包括经济的不确定性，还包括政治的不确定性，如何将这些不确定性进行汇总反映是个技术难题，也是EPU指数的独特之处，这为本书的实证研究奠定了技术基础。

本书在借鉴经典CAPM模型和卢博斯（Lubos）和彼得罗（Pietro）（2011）的收益率模型的基础上，引入企业风险承担和经济不确定性因素，结合净现值理论、期望效用理论、实物期权理论，深入分析了经济政策不确定性如何影响企业风险承担的机理机制。另外，在检验经济政策不确定性对企业风险承担水平的影响时，考虑到当期风险承担水平会受到上一期风险承担水平的影响以及减少内生性等问题，本书使用包含企业风险承担滞后项的动态面板数据估计模型，以2007—2018年在沪深交易所上市的所有A股非金融行业上市公司为样本，实证检验二者之间的关系，并进一步选取宏观因素市场化进程、中观因素公司战略以及微观因素管理者特征分别考察经济政策不确定性对企业风险承担影响中的调节效应，研究发现：

第一，经济政策不确定性的升高会抑制企业风险承担行为，降低企业的收益增长。企业是根据宏观经济政策不确定性的预期分布来选择本期的企业风险承担水平，当企业预期的经济政策不确定性增大时，导致估计的 $\sigma^2 g_{t+1}^i$ 变大，$\sigma^2 g_{t+1}^i$ 的增大加大了企业未来预期收益率的风险，为了减少未来损失的发生，企业会尽可能地降低本期企业风险承担水平，来弥补未来不确定性所造成的损失。这一结论也验证了实物期权理论中基于投资不可逆的假设，环境不确定性的增加使得企业对风险性项目的投资意愿减弱，更愿意"等待"和"观望"，直至信息更加明朗。

第二，相较于非国有企业，国有企业风险承担水平对经济政策不确定性更敏感。国有企业在经济政策不确定性高的时期更加倾向于做出稳健的投资决策，经营效率要更差一些，原因在于政府的干预以及委托代理问题。在较强的政府干预下，国有企业承担了更多的社会职能，加之在中国现行的行政体系下，有的国有企业管理者基于"政治晋升"的隐性激励，抱着"不求有功但求无过"的信念不会在不确定性高的时期冒险加大风险性项目投资。在代理问题上，国有企业的代理成本要高于非国有企业，经济政策不确定大大增加了信息的不对称，国有企业更愿意按照国家政策进行项目决策，倾向于规避风险，降低风险承担水平，这些问题的存在均使得国有企业更愿意采取稳健而保守的投资策略，否决那些风险较高的投资项目。

第三，市场化程度越低、经济越不发达的地区企业风险承担水平受到不确定性的消极影响更大，高市场化程度可以快速地消化经济政策不确定性的负面影响，促进企业风险承担。在区分国有组与非国有组回归后，上述情况仍然存在，说明不论是国有企业还是非国有企业，市场化进程都能够很好地缓解不确定性对企业风险承担的消极影响。

第四，采用偏离行业均值越大的激进型战略可以削弱经济政策不确定性对企业风险承担的负向作用，但是这一削弱作用在国有企业并不显著。这说明，激进型战略的组织从不确定性中看到的更多的是机遇，充分识别和把握其中的利好条件，以期获得更大的竞争优势，然而国有企业表现出的"稳健第一"的特征，在不确定性增加时，更多倾向于保守一些的策略，风险承担水平较低。公司战略的正向调节作用充分证明了奈特（Knight）（1921）的观点"不确定性是企业利润的唯一来源，如果未来都可以预测，利润就消失了。"

第五，从管理者权力、管理者能力与管理者过度自信三个特征分别考察经济政策不确定性对企业风险承担影响中人的因素后，发现三者发挥了不同的作用。管理者权力在经济政策不确定性对企业风险承担的消极影响中不存在调节效应，即管理者的权力大不大不是影响企业风险承担的重要因素。但是管理者能力在两者的关系中，起到了积极的促进作用，管理者能力越强，越有可能促进企业风险承担水平的提高，尤其是民营企业，促进作用更加明显，只是随着EPU的不断增大，管理者能力产生的边际效应呈现出递减的规律。基于管理者特征的调节效应分析，我们发现企业家才能的确表现出了继土地、资本、劳动之后的另一个企业的重要生产要素特征。管理者过度自信在两者的关系中存在着非线性的调节作用，本书做了进一步的分析计算，发现当EPU小于208时，过度自信的管理者会促进风险承担水平的提高，表现出更大的风险偏好，更倾向于选择那些净现金流为正的风险性投资项目；EPU超过了208后，过度自信的管理者仍然会理性投资，并不会盲目冒险，并且与非国有企业相比较，国有企业的管理者过度自信更容易受到经济政策不确定性的约束。

本书的创新点主要有：第一，丰富了企业风险承担行为的理论研究。传统上对风险承担影响因素的分析主要从微观因素（如公司层面特征）出发，研究其对风险承担的具体影响，而从宏观视角分析的文献相对较少。本书主要从宏观因素经济政策不确定性视角出发，结合近年来我国经济政策不确定性持续升高的现状，构建风险承担一般均衡模型，深入研究了其对企业风险承担的影响。本书将研究的视角从内部因素拓展到外部因素，从微观因素拓展到宏观因素，从而推动和深化了现有企业风险承担行为的理论研究。第二，构建了基于风险调整的一般均衡模型。经典的 CAPM 模型将风险区分为系统性风险和非系统性风险，本书在此分类的基础上借鉴 Lubos 和 Pietro（2011）的收益率模型，在系统风险中引入经济政策不确定因素，在非系统风险中引入企业风险承担因素，并且保持与 CAPM 模型相同的假设前提，投资者理性假设和市场完全有效假设，构建了一般均衡模型，增加了本书分析的逻辑性和严谨性。第三，探寻了管理者特征方面的阈值。多数文献简单粗略地将调节因素对研究对象的影响默认为线性关系，但更多的现实情况是一种非线性关系。本书探讨了管理者特征对企业风险承担的非线性影响，当经济政策不确定性超过了某个值，管理者特征的调节作用会变得相反，这使得本书的研究主题更加符合实际情况，阈值的得出对我国制定出更加科学的政策具有很好的参考价值，增加了量化的解释依据。

最后，向本书引用成果的所有作者以及对本书提供宝贵意见的中南财经政法大学何威风教授、东风汽车集团有限公司党委办公室楚生伟主任、武汉纺织大学李文静博士深表感谢！同时感谢东北财经大学出版社编辑们的辛勤付出！

作　者
2022 年 10 月

▌目　录

第 1 章　导论

1.1　研究概述

1.1.1　研究背景与研究意义

企业风险承担水平反映了企业在投资决策中积极主动选择那些风险高但预期净现值（NPV）为正的投资机会。尽管承担过度的风险可能会导致企业破产，但是几乎没有任何企业可以不承担风险而获得成功。从社会层面来看，高风险的项目可以带来高回报，促进技术进步，加快社会的资本积累，使社会生产率维持在较高水平；从企业层面来看，选择高风险的项目是管理者对投资机会充分识别和利用的结果，可以显著提高企业资本配置效率和企业价值，因此，适当地提高企业的风险承担水平对提升我国企业价值和促进社会经济增长有十分重要的意义。

2015 年 7 月，国务院印发了《关于大力推进大众创业万众创新若干政策措施的意见》（国发〔2015〕32 号），文件中明确指出要促进并实施四个维度的大众创业万众创新战略，提升我国经济竞争力。不论是基于国家高端科技成果的创业创新，还是针对大量发明专利成果的创业创新或者是国际化进程的创业创新，都将面临整个创业创新过程的高风险挑战，国家鼓励创新，也就是在鼓励个人、企业及其他组织努力转变对风险的偏见，积极承担一定的风险，让创业创新成为全社会共同的价值追求和行为习惯，进而加速我国经济竞争力的提升。2017年党的十九大报告中明确提出中国经济由高速增长阶段转为高质量发展阶段，在微观上，高质量发展要建立在企业生产要素、生产力、全要素效率的提高之上，而不是靠要素投入量的扩大（刘伟，2018），所以高质量发展的根本在于经济体的活力、创新力和竞争力上，这必然要求企业承担一定的风险，增大研发投入，积极创新，提高企业的资源配置效率，合理选择一些高风险的项目。由此看来，国家已经意识到适当的风险承担可以为企业为组织乃至整个社会带来积极的促进作用。

承担风险选择高风险项目这样的企业决策行为离不开对宏观经济形势的预判，即外围经济政策的不确定性会直接影响微观企业的行为。近年来，在新冠肺炎疫情席卷全球、英国"脱欧"事件爆发、美国各项政策频繁调整、中国全面深化改革，以及全球范围内其他政治事件层出不穷的状况下，全球经济政策不确定性指数在2019、2020年已升至历史新高（平均值升至900以上）。中国的经济政策不确定性平均指数更是在2017年达到了363.8，这一数据是2008年金融危机时期不确定性平均指数的3倍之多。特别是中国近年来经济政策不确定性较高，新冠肺炎疫情、供给侧结构性改革、房价管控等重大事件均增加了中国企业外部环境的不确定性，加之全球经济一体化、单边主义、贸易保护主义抬头，任何一个地方的风险事件都有可能引发其他国家经济的大幅波动，这使得企业所处的环境变幻莫测。Shin和Park（1999）认为公司投资决策很大程度上会受到外部环境的影响。随着经济政策不确定性的增大，企业投资环境将发生深刻变化，会直接削弱管理层精确预测未来投资回报的能力，因此，经济政策不确定性的升高有可能导致企业错误的决策或者比错误决策更大的损失（Gulen和Ion，2012）。

故而，在当前经济政策不确定性较高的环境下探讨其对企业风险承担的影响，是非常有意义的，也是宏微观结合研究值得关注的重要话题，有很多学者已经在做此方面的研究了，本书中，作者也将尝试在这方面做一些有益的探索。

本书的研究意义主要有：

第一，将有助于深化企业风险承担的理论研究。传统上对风险承担影响因素的研究主要基于内部公司层面特征，如从公司基本特征、公司治理以及管理者个人特征视角进行了论证说明，鲜有文献从外部宏观环境层面进行考察。然而企业的决策行为离不开对宏观形势的预判，因此本书拟从经济政策不确定性视角分析其对企业风险承担的影响，这将有助于突破传统分析框架，深化企业风险承担影响因素的理论研究。

第二，将有助于推动经济政策不确定性的应用研究。一直以来，学者们在探讨宏观经济政策对企业微观行为的影响时，囿于缺乏科学而连续的度量指标，只能考察单一某项具体政策对企业的影响。2013年，Baker团队开发了基于新闻信息的经济政策不确定指数后，得到了大量科学、有效的检验，学者们开始将其应用在对宏观事项的研究中，取得了丰硕的成果。然而将经济政策不确定性与微观企业行为进行结合研究的相关文章却非常少。本书将结合我国的制度背景采用该指标研究对企业风险承担的影响，从而有助于推动经济政策不确定性的应用研究。

第三，丰富了宏微观之间的互动研究。关于宏观经济政策与微观企业行为的学术研讨如火如荼，旨在进一步推动宏观经济政策与微观企业行为间的结合研究。本书中，作者探讨宏观经济政策不确定性与企业风险承担间的关系，也是基于"给宏观研究提供微观证据，赋予微观研究以宏观价值"的理念，在宏微观结合研究方面做有益的尝试。

第四，为企业决策提供参考依据。企业风险承担是一种决策行为取向，主要体现为管理者在投资决策过程中，对那些可以带来较高预期收益且充满不确定性投资项目的分析和选择。这种分析和选择的过程除了会受到企业自身的内部因素影响外很大程度上还会受到外部环境的影响，经济政策的不确定性会直接影响企业对风险性项目的投资决策，进而影响风险承担水平。企业风险承担过度和不足都不利于企业发展，但是适度的风险承担行为能够带来企业业绩增长，促进社会经济的发展。本项目研究将为企业管理者投资决策并合理进行风险承担提供新的理论支持，从而保持企业竞争优势，实现业绩增长。

第五，为我国经济政策的科学制定提供借鉴。我国的相关政策对企业的影响较大，尤其近年来多项经济政策频繁出台，加上外围经济环境的大幅度变化直接影响了微观企业的决策行为。本书从宏观、中观、微观三个视角深度分析了经济政策不确定性对企业风险承担的影响，能够更全面地理解两者之间的关系。因此本书的研究将有助于我国政府科学制定相关政策，有助于为市场经济保驾护航，有助于我国创造良好的企业经营环境。

1.1.2　研究内容与研究方法

本书主要从企业投资决策的角度出发，基于净现值理论、期望效用理论、实物期权理论、委托代理理论以及战略-环境匹配理论①，在国内外企业风险承担研究的基础之上，考虑我国经济政策不确定性程度，结合我国不同地区市场化进程差异、不同公司战略模式选择以及管理者的异质性，拟对以下问题进行研究：第一，经济政策不确定性如何影响企业风险承担，不同产权属性之间是否有差异；第二，结合我国不同地区市场化进程程度考察经济政策不确定性对企业风险承担影响的地区效应；第三，基于不同公司采取的战略模式研究经济政策不确定性对企业风险承担的影响中的调节效应；第四，从管理者权力、管理者过度自信以及管理者能力三个特征视角实证检验其在经济政策不确定性对企业风险承担影响中的作用。

本书将沿着"理论研究——机理分析——假设提出——实证检验——结论分析"的总体思路进行构建，主要内容拟分为八个部分：第一部分，导论；第二部分，理论基础与机理分析；第三部分，经济政策不确定性影响企业风险承担的实证研究；第四部分，经济政策不确定性与企业风险承担的地区效应；第五部分，经济政策不确定性、公司战

---

① Venkatraman（1989）在文章中提出，企业与环境之间的关系源于企业对环境有一定需求，企业只有通过与环境交换获取依赖性的资源和信息，努力实现二者适应性匹配才能实现企业绩效的增长。所以，作者把这个观点总结为"战略、环境匹配理论"。

略与企业风险承担；第六部分，经济政策不确定性、管理者异质性与企业风险承担；第七部分，结论与政策建议。具体如图1-1所示：

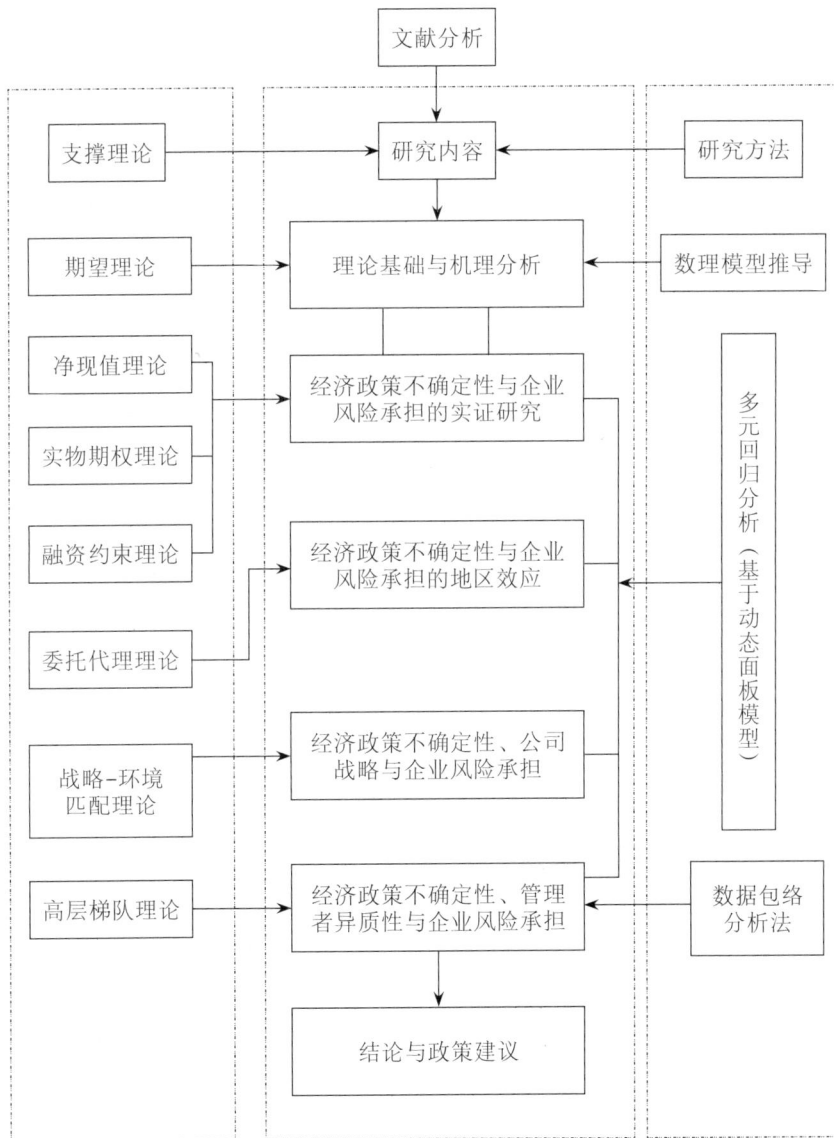

图1-1 技术路线图

在研究方法方面，本书将在系统综述国内外相关文献的基础上，采用规范研究和实证研究相结合的方法，以理论联系实际为导向，通过数理模型推导分析经济政策不确定性对企业风险承担的影响机理，实证检验两者之间的关系，并从宏观角度、中观角度和微观角度，区分国有与非国有产权属性，深入考察经济政策不确定性对企业风险承担的具体影响。文章具体拟采用以下研究方法：

（1）文献研究法，用于国内外企业风险承担、经济政策不确定性、市场化进程、公司战略、管理者特征等相关文献资料的收集与整理，以便对企业风险承担理论研究有一个系统而完整的认识。

（2）数理模型推导法，通过构建数理模型分析经济政策不确定性对企业风险承担的影响机理，增加本文研究的严谨性和逻辑性。

（3）理论分析法，用于实物期权理论、净现值理论、融资约束理论、环境匹配理论等文中所需支撑理论部分的分析，为后续实证部分研究假设提供了坚实的基础。

（4）实证研究法，用于经济政策不确定性与企业风险承担，以及宏观变量市场化进程、中观变量公司战略、微观变量管理者特征三个视角下的经济政策不确定性对企业风险承担影响的四大实证检验环节。该部分将在理论分析的基础上，采用面板数据、描述性统计、动态面板模型、固定效应模型等方法对研究假设进行实证检验。实证研究中所涉及的数据主要来自 CSMAR、WIND 以及 CCER 数据库，对于部分管理者特征数据，作者结合年报内容进行了手工搜集整理，并使用 Stata.16 统计软件进行了实证分析。

1.1.3 研究创新点

本书研究的重点为宏观因素对微观决策行为的影响，结合我国自身的制度背景以及特殊的公司产权属性，主要的创新点有：

第一，构建了基于风险调整的一般均衡模型。经典的 CAPM 模型将风险溢价的部分区分为系统性风险和非系统性风险，本书在此分类的基础上借鉴 Lubos 和 Pietro（2011）的收益率模型，在系统风险中引入经济政策不确定因素，在非系统风险中引入企业风险承担因素，并且保持与 CAPM 模型相同的假设前提（投资者理性假设和市场完全有效假设），构建了一般均衡模型，深入分析了经济政策不确定性对企业风险承担的影响机理，从而增加了本书研究的逻辑性和严谨性。

第二，丰富了宏观经济政策对微观企业行为的互动研究。以宏观经济政策不确定性作为研究视角，以企业风险承担为研究对象，给宏观研究提供微观证据，赋予微观研究以宏观价值，丰富了宏观事项与微观行为的结合研究。一方面，本书从宏观经济政策不确定性的视角深入分析了影响企业风险承担的外部因素，为人们研究企业风险承担提供新的视角。传统上对风险承担影响因素的分析主要从微观公司层面特征出发，从宏观视角分析的文献相对较少。本书主要从宏观经济政策不确定性这个外部因素出发，结合近年来我国经济政策存在不确定性的现状，深入研究对企业风险承担的影响。这将使得人们对风险承担影响因素的研究从内部因素拓展到外部因素，从微观因素拓展到宏观因素，从而推动和深化现有企业风险承担行为理论研究。另一方面，拓展了经济政策不确定性的微观应用研究。早期文献缺乏风险承担的宏观经济因素考察主要囿于没有科学的度量指标，2013年由Baker团队新开发了基于新闻信息频度进行测度的EPU指数，其作为经济政策不确定性的度量指标，得到了大量有效性和可靠性的检验，如今已被广泛应用在各学术研究领域，还有许多政府研究机构、各大新闻媒体网站也利用该指数进行形势分析与预测。但是，该指标的应用主要集中在宏观经济活动研究领域，微观应用甚少，因此，本书着力从宏观经济政策不确定性视角考察对企业风险承担也是丰富了该指数的微观应用研究。

第三，探寻了管理者特征方面的阈值。在探讨调节变量的效应时，一般文献会默认它与研究对象呈线性关系，但是实际上两者不一定在任何情况下都表现为线性关系（更多情况下为非线性关系）。本书探讨了管理者特征对企业风险承担的非线性影响，当经济政策不确定性超过了某个临界值时，管理者特征的调节作用会起相反的作用，这使得本书的研究更加符合实际情况，阈值的得出也为我国制定更加科学的政策提供了很好的参考，增加了量化的解释依据。同时对于企业进一步认识风险承担、实现创新投入、提升企业竞争力，带动整体经济增长，都具有一定的参考价值。

1.2 文献综述

1.2.1 企业风险承担影响因素相关文献

企业风险承担体现的是管理者在投资决策过程中的一种行为取向，具体表现为对那些能够带来预期收益又充满不确定性因素投资项目的分析与选择（余明桂等，2013）。如果企业管理者（决策者）的风险承担意愿强，则越发不会放弃那些高风险但更能增加企业价值的投资项目，这充分体现了决策者的主观意愿。因此，企业风险承担水平高体现的是决策者的冒险精神、创新精神，是提高企业竞争优势、促进企业生存与发展的基石，也是一国经济长期增长的原动力。

关于企业风险承担的研究在学术界的探讨起步较晚，我国对企业风险承担的研究自 2007 年后才开始多了起来，近年来，企业风险承担引起了越来越多学者的关注，产生了丰富的风险承担研究文献。

丰富的文献资料为本书的梳理工作提供了有力的支持，本书借鉴 Francis 和 Holloway 的方法，在整理已有研究性、描述性以及评论性文章的基础上，结合对新增加文献的分析和总结，为后面研究企业风险承担影响因素做了准备，使读者在这一问题上有一个系统而全面的认识，并且在梳理前人研究成果的基础上，重点从企业风险承担内涵的界定、发展脉络、度量方法以及影响因素四方面进行系统归纳，以期为后文的写作奠定基础。

1.企业风险承担内涵及研究内容

（1）企业风险承担内涵

关于企业风险承担的研究，常有这样的质疑，企业风险承担为何只谈到投资领域，企业的风险是否只来源于投资，对于这样的疑问其根源在于规范研究中的"企业风险"与实证研究中的"企业风险承担"本质上为完全不同的两个概念。

规范研究中的"企业风险"是风险的概念，较宽泛，凡是会影响到企业完成经营目标的不确定性因素均构成了企业风险的来源。根据不同

的标准，企业风险有多种分类方式。根据风险的内容，2006年国务院
国有资产监督管理委员会颁布的《中央企业全面风险管理指引》将企业
风险分为：战略风险、财务风险、市场风险、运营风险以及法律风险五
种类型。根据风险的来源以及范围，COSO内部控制报告认为企业层面
的风险来自外部因素或内部因素，中国内部审计协会颁布的《风险管理
审计准则》《内部审计具体准则第16号——风险管理审计》将风险分为
外部风险和内部风险。其中外部风险包括法律风险、政治风险和经济风
险，这三种风险相互影响、相互联系。内部风险则包括战略风险、财务
风险、经营风险等。企业的内部风险源自企业自身的经营业务，包括企
业战略的制定、财务制度的运行和经营活动等方方面面的风险。与外部
风险相比，内部风险一般更容易识别和管理，并可以通过一定的手段来
降低风险和控制风险。另外，根据风险效应可否抵消，企业风险还分为
系统风险和非系统风险。可见分类方式多种多样，风险内涵十分宽泛。

实证研究中的"企业风险承担"是企业行为概念，不能将其中的
"企业风险"与"承担"割裂理解，二者是一个整体。Wright等（1996）
把企业风险承担定义为对那些未来预期结果和现金流不确定性项目的分
析与选择，未来收入流的不确定性便是其风险承担行为的结果。
Lumpkin和Dess（1996）认为，企业风险承担代表了企业追逐市场高额
利润并愿意为之付出代价的倾向，可以看作衡量企业未来增长前景的综
合指标。后被大量学者引用的《公司治理与风险承担》（Corporate
Governance and Risk-Taking）一文将其认定为公司投资决策中管理者的
风险选择行为（John等，2008）。更多的文献比较趋于一致的看法为企
业风险承担是对高风险但净现值为正的投资项目的决策（Bromiley等，
1991；Griffin等，2009；Bargeron等，2010；Acharya等，2011；Boubakri
等，2013；Gormley等，2013；Faccio等，2016；Ljungqvist等，2017；
Langenmayr等，2018；Haider等，2018）。

根据以上文献的表述，企业风险承担具有如下几个特征：第一，它
是一种决策行为。企业风险承担反映了企业管理层对投资项目进行的分
析与决策，是一种决策倾向，这属于企业行为理论（Behavioral Theory in
the Firm）范畴，这种决策行为会受到来自企业内部与外部不同因素的影

响（Richard M. Cyert 和 James G. Marc，2008），进而影响到对风险的不同倾向，而规范研究中的企业风险并不是企业行为概念，是风险的概念；第二，决策对象是投资项目。这里的投资是广义的投资，并不局限于对固定资产投资或者对无形资产投资等某一个领域，而是企业以获取收益为目的对各种领域项目投放资金的经济行为。因此，这里的投资项目涵盖了所有能够为企业增加收益的各类项目，不能狭隘地将企业风险承担割裂成投资风险承担、经营风险承担或者是财务风险承担等；第三，投资项目风险高但能增加企业价值。这类项目具有投资回收期长、短期成本高，且成功概率低的特点，该类项目一旦成功，便能为企业带来超额利润，增加企业的竞争优势，而一旦失败，也会招致损失，这种损失主要体现在机会成本上，因此，企业风险承担的对象的未来收益具有较高的不确定性。正因为项目的高风险特征，企业选择该类项目后往往伴随着较大的人力、物力、财力的投入，从而会承担较高的负债比例、较大的财务风险、较高的资本性支出，所以风险承担行为往往会带动企业融资决策和经营决策。

根据上文分析，本书中所研究的企业风险承担是一种决策行为取向，具体表现为决策层对那些能够带来预期收益与现金流同时充满不确定性因素的投资项目进行的分析与选择（Wright 等，1996）。企业风险承担水平高意味着面对较高风险且净现值为正的投资项目时企业更愿意选择，而水平低则表现为面对较高风险且净现值为正的投资项目时企业更愿意放弃（Acharya 等，2011；Boubakri 等，2013）。由此可见，规范研究中的"企业风险"与实证研究中的"企业风险承担"本质上完全不同，亦不可同日而语。

（2）企业风险承担研究内容

作者查阅并梳理了有关企业风险承担的相关文献及评论性文章，关于企业风险承担（corporate risk-taking /firm risk-taking）的研究主要经历了从管理者个人到一般组织形式以及从消极对待到积极认识这两个变化。

①从管理者个人到一般组织形式。

在第一次工业革命和第二次工业革命时代，企业主要的组织形式表现为所有权与经营权的高度统一，无论是资本的所有者还是资本的运作者，都是为了一个目标，即实现最大化的盈余。在这种企业形式中，企业家是最终的决策者，因此风险承担实际上表现为企业家个人的一种行为倾向。在早期的经济学理论中，学者们将"风险承担"认定为企业家个人追求超额利润的特征表现，是推动经济持续增长的原动力。例如，Schumpet等（1934）和Drucker等（1986）指出，企业家是对旧的生产方式进行"创造性的破坏"的变革者，是勇于承担风险、善于捕捉和把握机会的革新者。Sitki和Weingart（1995）将风险承担认定为一般个体的行为倾向，反映了决策者个体冒险或规避风险的当前倾向。美国经济学家奈特（Knight）在其著作《风险、不确定性和利润》一书中提到，现实的经济过程是由预见未来的行动构成的，企业家则是通过识别未来不确定性中所蕴含的机会，把握并利用这些机会来获取利润和创造价值。由此可见，风险承担更多的是强调企业家敢于冒险和善于创新的一种特征，一种为了追逐高额利润表现出来的个人特征。

进入20世纪30年代以后，伴随着现代企业的出现与发展，所有权与经营权的分离产生的代理问题使得原来单一的决策者转变为决策团队。因此管理者个人未必是最终的决策者，他们身上的风险承担特征转变为影响组织团队决策的重要因素，加之经营者往往会出于对个人私利和职位关注的需要，做出与所有者目标不一致的行为，代理问题成了研究风险承担时要考虑的重要因素。逐渐地，学者们将个体层面的风险承担概念延伸到了组织层面，把组织看成一个整体决策机构，将早先基于企业家的风险承担演化为组织风险承担并概念化为：组织采取或规避风险的倾向（Sitkin等，1992；Saini等，2009）。

②从消极对待到积极认识。

金融学中的传统理论认为，高风险往往伴随有高收益，但是以"鲍曼悖论"为开端，人们逐渐抛弃了这一传统的"风险—收益"观。1980年，鲍曼通过分析美国85个行业的样本，发现在多个行业中，公司风险与收益间存在显著的负相关关系，这吸引了众多学者进行了大量的后续研究，以Baird等（1985）、Fiegenhaum等（1986）为代表的学者进行了实证研究，结果均支持了鲍曼悖论的存在。Palmer等（1999）从风险隐性成本的角度，认为正是企业承担较高风险，绩效波动较大导致利益相关者采取保守策略，使得企业经营绩效下降。因此，很长一段时间内，人们对风险承担持保留态度。在我国，人们对待"风险"更是避而远之，在两千多年的封建专制统治中，集权式的官僚文化所形成的"集体主义"和"强风险规避"观念在人们的心中根深蒂固，人们大多将风险与损失同等对待，这在很大程度上导致了我们对企业风险承担持消极的态度。

随着研究者对风险的认识趋于中性，逐步意识到风险是客观存在的，且并不一定等同于损失，而是"风险"与"机遇"并存，适度的风险承担对企业的成长、业绩、创新与生存至关重要。代表性的观点有：John等（2008）实证研究了风险承担与企业资产增长率、销售收入增长率显著正相关，并进一步指出，高风险承担的国家表现出高水平的全要素生产率。另外，高风险承担水平的企业还反映出更多的R&D投入和更高的创新积极性（Griffin等，2008）；风险性项目加快了企业的资本积累、提高了其核心竞争力，有助于提升企业价值和绩效表现（Kim等，2011；Nguyen等，2011；余明桂等，2013）。余明桂等（2013）以投资对边际q的敏感性和托宾Q值作为代理指标，发现较高的风险承担可以显著提高企业资本配置效率和企业价值。

因此，关于企业风险承担的研究近些年来更多地以组织为研究主体，其中以一般化形式的非金融机构为主要研究对象，人们逐步认识到适度的风险承担可以有效增加企业的研发投入，带来创新增加，有效提升公司竞争力，带来业绩增长并能促进社会经济发展。

2.企业风险承担的影响因素

基于哲学原理，任何事物都将受到内部因素与外部因素共同的影响，企业风险承担也不例外，关于企业风险承担影响因素的文献十分丰富，本书主要从内部因素（企业层面因素）与外部因素（外部环境因素）两方面进行梳理。

（1）内部因素

从企业的所有权性质、业绩增长、行业类别以及企业类型等视角探讨风险承担的研究多集中于早期的文献中，随后的文献多基于所有权与经营权分离产生的代理问题，以如何降低代理问题带来的管理者风险承担不足为出发点，分别从公司治理以及管理者特征视角做了大量分析，本书主要从企业基本特征、公司治理以及管理者特征三方面归纳内部影响因素。

①企业基本特征。

家族企业不同于其他企业，家族企业有将财富转移给下一代的强烈动机，故而倾向于回避风险（Anderson 等，2003；Paligorova 等，2010；Su 等，2013）。但是研究领域里也有不同的结论，Nguyen 等（2011）以日本企业为样本，发现家族企业有强烈的动机增加企业价值，反而促进了企业风险承担。Lee 等（2018）以韩国企业为样本，发现家族所有权与企业的风险承担之间存在非线性的 U 型关系，家族所有权占比较小时企业风险承担较小，而占比增加时反而会促进企业增加风险性项目的投资。Boubakri 等（2013）发现与民营企业相比较，国有企业易受政府干预，行为决策多基于政治因素，因而会更多地选择稳健、低风险的投资项目，进一步研究发现，国有企业在民营化后风险承担水平显著提高（Boubakri 等，2013；余明桂等，2013）。Habib 等（2015）发现，处于生命周期不同阶段的企业表现出不同水平的风险承担，发展期和衰退期伴随较高的风险承担，因为发展期的企业通过增加投资来防止竞争者进入，确保有利地位，而衰退期的企业则选择高风险的投资项目奋力一搏，希望挽回不利局面。当企业处于成长期和成熟期时，经营较为平稳，无须进行过多的投资支出，风险承担相对较低。

②公司治理。

学者们主要从股权结构、董事会特征、管理层激励视角探讨了对企业风险承担的影响。

企业的股权结构对管理层行为有着明显的约束作用。Attig 等（2013）指出，大股东有监督管理层的动机，可以减少管理层机会主义行为导致的低水平的风险承担。Koerniadi 等（2014）发现，股权制衡的存在提升了新西兰企业的监管水平，促进了企业对高风险、高收益项目的选择。随着所有权的增加，大股东具有强烈的动机通过增加风险性项目来提高企业收益。部分学者也发现所有权集中度与企业风险承担正相关（Nguyen 等，2011），但从另一方面，大股东也有追求私有收益的强烈动机，可能采取更稳健的投资项目来确保稳定收益（John 等，2008）。Faccio 等（2011）进一步研究发现只有当大股东具有多元化投资时，大股东所有权与企业风险承担间的正向关系才成立，具有多元化投资的大股东控制的企业风险承担水平也相对更高。Mishra 等（2011）发现大股东有能力和动机采取稳健的投资政策以获取私有收益，主导股东的出现降低了企业风险承担，而多个大股东的出现可以提高企业风险承担。

也有研究关注到外国投资者对企业风险承担的影响，Xuan 等（2016）以越南企业为样本，发现越南股市的外国投资者关注的是长期视角，而非短期收益，因此外国投资者抑制了企业的风险承担活动。

Wright 等（1996）发现机构投资者具有通过促进企业风险活动来提升企业价值的动机。但是，朱玉杰和倪骁然（2014）以我国上市公司为例，发现机构投资者持股显著降低了企业的风险承担水平，他们进一步区分机构投资者的类型发现，非独立机构投资者持股对企业风险承担的限制作用更为显著和持续。

董事会对企业风险承担也会产生重要影响。Wang 等（2012）发现较小的董事会更能促使 CEO 承担风险，进行更多的风险性投资。Nakano 等（2012）认为董事会规模越大，越难以达成妥协，规模越大的决策群体越倾向于选择非极端的决策。这意味着，较大的董事会规模会降低企业风险承担，但是增长机会缓和了董事会规模与风险承担之间的关系。Ferrero 等（2012）全面研究了董事会对企业风险承担的影响，发现董事会规模与企业风险承担显著负相关，而独立董事、董事长与总经理兼任状况对企业风险承担并没有显著影响。Beasley 等（1996）得到的却是不一样的结论，独立董事比例的增加提高了董事会独立性，使其监督作用更有效，进而促进了企业风险承担。后有学者 Akbar 等（2017）基于所有上市的英国金融部门，考察了董事会规模、董事会独立性以及 CEO 和董事长在董事会中的作用三者如何影响金融公司的企业风险承担，发现非执行董事和强大的首席执行官在公司董事会的存在减少了金融公司的企业风险承担水平。另有学者从董事会成员的异质性方面探讨了对企业风险承担的影响，Harjoto 等（2014）认为董事会成员的性别、年龄、种族、任期等方面的差异代表着个体不同的能力和认知水平，多样性有助于董事会成员多背景、多角度地分析问题，在投资项目的选择上也更为保守和谨慎。

为了解决两权分离所产生的代理问题，管理层激励被用来解决投资者与管理层目标函数不一致的问题，激励机制的设计会直接影响到管理层的决策行为。常见的激励机制主要有薪酬激励和股票期权，这些措施能够促使管理层克服风险规避倾向，增加企业风险承担水平。Shivaram等（2002）发现股票期权能够促使经理层扩大对风险高但收益也相对较高的项目的投资，促进企业风险承担。之后Wright等（2007）系统研究了高管激励对企业风险承担的影响，发现高管薪酬中固定部分比例越高，企业风险承担越低，而授予经理层股票期权能够有效提升企业风险承担，高管持股比例与企业风险承担呈现出一种曲线关系。张瑞君等（2013）实证检验了货币薪酬可以有效提高企业风险承担水平。持相同观点的还有Kini等（2012），他们认为，内部锦标赛激励可以促使管理层追逐高风险高收益的项目，提高业绩表现从而获取晋升机会。DeFusco等（1991）却发现，当高管股权激励增加时，公司决策反而变得更加保守。

③管理者特征。

自Hambrick等（1984）为代表提出高层梯队理论后，学者们认为管理者是异质和有限理性的人，这种异质性和有限理性的特征会对公司决策行为产生重要影响。随后有大量学者基于这一理论探讨了管理者不同特征对企业风险承担的影响作用。有学者认为性别、年龄、经历等差异会造成个体不同的风险倾向，而管理者的风险倾向与企业风险承担水平正相关（Palmer等，1999）。Haider等（2018）以中国上市公司为样本，发现不论是国有还是非国有企业，CEO权力越大导致企业风险承担水平越低。

相较于男性，女性在决策过程中更加谨慎和保守，Faccio等（2014）直接比较了女性CEO与男性CEO在风险承担方面的差异，发现女性CEO领导的企业表现出较低的风险承担水平，在进一步的分析中还发现女性CEO的低风险承担导致企业投资不足、资本配置效率低下，持相同观点的还有我国学者何威风等（2016）。Peltomaki等（2015）从年龄的角度研究发现，CEO、CFO年龄越大越保守，从而会限制企业选择风险性较高的项目。另外，CEO的个人经历不同也会对企业风险承担有不同的影响，

Carpenter 等（2003）研究表明，对于新兴国家的高科技公司，具有国际化经验的投资者和管理者所控制的公司呈现出更合理的风险承担水平。Malmendier 等（2011）则检验了 CEO 的战争经历和"大萧条"经历对企业财务决策的影响，他以美国企业为研究对象，发现曾有过战争经历的 CEO 在财务决策中表现得更激进，而经历过"大萧条"的 CEO 表现得更为谨慎，两者在风险偏好方面具有显著差异。过度自信的管理者表现出较强的风险偏好，会更多地选择风险高、收益高的投资项目（Gervais 等，2003；Li 等，2010），Baker 等（2011）、余明桂等（2013）也支持了上述观点。Ferris 等（2017）首次验证了 CEO 的社会关系会影响到公司的决策行为，他们发现拥有高社会资本的 CEO 会表现出更高水平的风险追逐行为，并且这一行为导致了企业股票回报和企业经营收益的更大波动。

（2）外部因素

本书主要从宏观经济环境、外部制度环境和文化环境三方面归纳外部影响因素的相关文献。

①宏观经济环境。

从宏观经济环境视角探讨企业风险承担的文献大多关注于宏观经济形式或某一具体政策所带来的影响。如 Arif 等（2014）、Mclean 等（2014）认为一国的经济增长水平会影响到企业的风险承担倾向，当处于繁荣发展期时，与之相伴的是较高的增长预期以及融资宽松环境，企业整体投资处于较高水平；当经济衰退、市场低迷时融资约束变得严峻，投资决策更为保守，风险承担水平则较低。Bargeron 等（2010）实证研究了《萨班斯-奥克斯利法案》（SOX）对企业风险承担的作用，发现受到 SOX 影响的企业，其研发投入、股票收益波动性显著下降，现金及现金等价物显著增加。王永海等（2013）检验了2007年我国企业所得税改革对企业风险承担的具体影响，研究发现：税率降低的公司明显地降低了风险承担水平，税率提高的公司明显地提高了风险承担水平。另外，何威风等（2017）考察了2010年我国中央企业全面实施的 EVA 业绩评价对企业风险承担的具体影响，发现业绩评价制度改变后，中央企业在风险承担方面变得更积极了。

②外部制度环境。

企业所在地区的法律制度以及金融条款会影响到企业的股权结构、投资策略、股利政策以及治理机制等等。例如，较好的投资者保护能够促使企业增加对具有较高风险但能够增加企业价值的项目的投资，投资者权益保护得越好，企业越容易接受"高风险高收益"类型的投资项目，从而提高企业风险承担水平（Paligorova等，2010；Bargeron等，2010）。较好的债权人保护会导致破产成本变高，降低企业风险承担（Chava等，2008；Nini等，2009；Acharya等，2011）。

③文化环境。

众多学者的研究表明，即使在大量职业经理人存在的全球化背景下，非正式制度层面（如文化）对公司的决策制定也具有重要影响（Leuz等，2006；Griffin等，2014）。Li等（2013）检验了国家文化对企业风险承担的影响，发现个人主义的文化对企业风险承担具有显著的正向影响，而回避不确定性的文化价值观对企业风险承担具有显著的负向影响，并且上述关系受管理层自主权的影响。宗教信仰能在一方面体现其所在地区的文化，王菁华等（2017）得出了所在地区宗教信仰氛围越浓厚，风险承担水平越低的结论，同时，组织的成熟度可以有效缓解这种负向关系。

3.企业风险承担的度量

风险承担反映了企业在投资决策中对风险性投资项目的选择，但是我们无法准确获知企业在投资决策中具体选择了或者放弃了多少净现值为正的项目，也无法获知每个被选择或者被放弃的投资项目的真实风险状况，所以，在实证研究中，学者们只能从侧面寻求有效衡量企业风险承担的代理变量。目前，有关企业风险承担的度量主要有以下几种类型：第一，业绩波动类；第二，项目类；第三，特征类。

（1）业绩波动类

学者们普遍认为选择风险水平较高的业务往往会带来公司收益的较大波动，因此，实证研究中往往采用公司业绩的波动作为风险承担水平的代理变量。衡量公司业绩的方法有很多，有资产收益率（ROA）、股票收益率（ROE）、销货收益率（ROS）、托宾Q值，其中ROA与ROE使用得较为普遍，Fan等（2007）强调ROS可以缓解ROA对通货膨胀和会计管理方面的敏感程度，具体算法与重要文献见表1-1。

表1-1 企业风险承担度量方法

类型	度量指标	计算方法	重要文献
业绩类	ROA的波动	$Risk1 = \sqrt{\dfrac{1}{n-1}\sum_{i=1}^{n}\left(ROA_{it}-\dfrac{1}{n}\sum_{i=1}^{n}ROA_{it}\right)^2}$ 资产收益率的方差 $Risk2 = ROA_{max} - ROA_{min}$ 收益最大值与最小值之差 $Risk3 = ROA_{exp} - ROA_{act}$ 预期收益与实际收益的差额	Bromiley 等(1991); Coles 等(2006); Daniel 等(2006); John 等(2008); Shijun Cheng 等(2008); Low 等(2009); Hilary 等(2009); Bargeron 等(2010); Faccio 等(2011); Boubakri 等(2011); Acharya 等(2011); Li 等(2013); Nguyen 等(2012); Nakano 等(2012); Boubakri 等(2013); Langenmayr 等(2018); Ljungqvist 等(2017)
	ROE的波动	$Risk4 = \sqrt{\dfrac{1}{T}\sum_{t=1}^{T}\left(ROE_{tn}-\overline{ROE_n}\right)^2}$ 股票收益率的方差	Shijun Chen 等(2008); Low 等(2009); Bargeron 等(2010); Nakano 等(2012); Farag(2016); Ljungqvist 等(2017)
	ROS的波动	$Risk5 = \sqrt{\dfrac{1}{n-1}\sum_{i=1}^{n}\left(ROS_{it}-\dfrac{1}{n}\sum_{i=1}^{n}ROS_{it}\right)^2}$ $ROS = EBIT/销售收入$	Bromiley 等(1991); D'Souza 等(1999); Fan 等(2007); Boubakri 等(2013); Haider 等(2018)
	托宾斯Q值的波动	$Risk6 = \sqrt{\dfrac{1}{n-1}\sum_{i=1}^{n}\left(TQ_{it}-\dfrac{1}{n}\sum_{i=1}^{n}TQ_{it}\right)^2}$ $TQ = Ln\left(\dfrac{资产市场价值}{资产账面价值}\right)$	Cheng 等(2008); Pathan(2009); Nakano 等(2012)
项目类	研发投入的增加	研究与开发支出/总资产	Coles 等(2006); Bargeron 等(2008, 2010); Li 等(2013); Shijun Cheng 等(2008); Kim 等(2011)
	负债比例的上升	(短期负债+长期负债)/总资产	
	资本性支出减少	固定资产支出/总资产	
	勘探风险	未来现金流折现现值	
特征类	公司规模	未来现金流折现现值	Sunder 等(1976); Shivaram 等(2001); Shaker 等(2005); Walls 等(2008)
	联盟加入情况（六个维度）	①国内联盟；②国外联盟；③进入一个新的国内市场；④进入一个新的国外市场；⑤新兴技术的投资；⑥新产品的介入	

注: 公式中T的值并不唯一，有取3年的，也有取4年、5年、7年的。

（2）项目类

有学者认为高风险承担水平必然会落实到一些具体的风险性项目上，进而给公司带来较大的收益波动，并且这样的风险性项目与企业风险承担水平之间的显著关系得到了实证检验，后被用作风险承担的代理变量。具体来说，高风险承担水平往往对应研究与开发（R&D）投入的增加、资本性（PPE）支出的减少以及较高的负债水平，原因在于研发成功的概率较低，带有很大的不确定性，资本性支出的风险相对较小，而风险性项目往往对应巨大的融资需求，带来企业负债水平的上升，因此，这些项目支出被归入风险承担的代理变量。

（3）特征类

这类代理变量主要针对特殊行业和特殊企业，不同行业、不同类型的企业其风险承担水平差异很大，如果仍然采用业绩波动或者研发投入、负债水平等来衡量就明显缺乏代表性，因此，部分学者在度量风险承担水平时会针对特殊企业采用其本身的特征现象作为代理。如Shivaram等（2001）针对石油、煤炭行业采用勘探风险来度量；Walls等（2008）采用未来现金流折现值代表石油、天然气行业的公司规模，以此来度量风险承担水平，因为这个数字能够衡量公司的规模并且与公司的石油和天然气的储量价值一致；对于创业期的家族企业，Shaker等（2005）采用国内与国外市场中的联盟加入情况以及新技术与新产品的投资情况共同测度。

以上度量方法从数据获取以及科学性上来说各有优劣，在相同的研究条件中采用不同的方法，可能会得出不同的结论甚至相反的结果。

总体而言，采用业绩类的衡量方法仍然是学术界最为普遍的选择，一是这种方法相对准确、全面，较高的风险承担水平往往会带来收益的较大波动；二是数据的获取相对容易、便捷，故而受到众多学者的青睐，尤其是对ROA、ROE的波动应用最为广泛，我国学者较多地采用ROA的波动。项目类度量方法虽然简单、直观，但是不够全面，更多的是从某一侧面间接反映风险承担的结果，因此该种方法被更多地应用在政策制度的实施效果检验中。特征类指标则是具体问题具体处理的有效办法，虽然适用面较窄，但是能更客观、更合理地反映特殊行业类型企业的风险承担水平，如此便会产生仁者见仁、智者见智的多种度量方法，到底谁的度量方法更合理更有效，莫衷一是。

使用以上方法时，应当尤为注意的是我国特殊制度与政策环境的局限性。第一，有关研发支出的信息披露在我国尚不规范，大量企业为避免商业秘密的泄露存在隐报与谎报信息的情况；第二，负债比例与我国的特殊的融资环境有一定的关系（苏坤，2015），因此，负债比例中含有风险承担以外的因素，很难剥离；第三，我国资本市场还很不成熟，与发达国家成熟的资本市场相比，股票价格的波动并不能健康地反映企业的价值，因此 ROE 的波动在使用时带有一定的局限性；第四，ROA 波动的使用，其关键在于会计信息的客观真实有效，如果存在管理层操纵的情况，资产收益率这一指标的有效性便会大打折扣，我国上市公司近年来频频爆出会计造假丑闻，信息造假未得到有效治理。因此，针对我国特殊的制度背景与市场环境，构建科学有效的企业风险承担度量方法仍然是现阶段的一个难题，相信随着信息技术与科技手段的不断提升，在先进理论的指引下，这一难题有望得到解决。

结合以上分析，本书的研究主要采用业绩波动来度量企业的风险承担水平，当业绩波动比较大时，表示企业风险承担水平较高，当业绩波动比较小时，表示企业风险承担水平较低。

1.2.2　关于经济政策不确定性经济后果的相关文献

经济政策不确定性（Economic Policy Uncertainty）是指市场的主体无法确切地预知未来经济政策的变化情况（Gulen 和 Ion，2016）。关于经济政策不确定性的研究仍然是一个比较新的领域，2008 年的金融危机致使很多发达国家以及新兴经济体遭受重创，而这一事件也使得学者们开始关注经济政策不确定性所带来的影响，其中比较有影响力的便是2013 年 Baker 等人利用自身团队构建的基于新闻信息的经济政策不确定性指数，他们专门检验了该种不确定性是否加重了 2007—2009 年的经济衰退，是否延缓了经济复苏。国际货币基金组织自 2012 年以来多次提到经济政策不确定性减少了企业和家庭的投资、雇佣和消费，认为正是这种不确定性导致世界经济增长缓慢。自此之后，越来越多的文章开始关注经济政策不确定性的经济后果。

2020 年，突如其来的新冠肺炎疫情席卷全球，打乱了企业正常的经营节奏，企业界的忧虑指数在提升，恐慌的气氛在蔓延。除此之外，近年来，美国各项政策频繁调整、中国全面深化改革以及全球范围内其他政治事件层出不穷，全球经济政策不确定性在 2017 年、2020 年创下历史新高（如图 1-2 所示）。中国的经济政策不确定性平均指数更是在 2017 年达到了 363.8，2020 年飙升到 791.3（如图 1-3 所示），这一数据是 2008 年金融危机时期相关数据的数倍之多。特别是中国近年来经济政策不确定性一直持续走高，除了突如其来的疫情，全面深化改革、供给侧结构性改革、房价管控单边主义、贸易保护主义抬头的提出等增加了企业外部环境的不确定性，加之全球经济一体化、中美贸易摩擦等，任何一个地方的风险事件都有可能引发其他国家经济的大幅波动，这些都使得企业所处的外部环境变得更加难以推测。外部环境的不确定性会影响到企业管理者的决策行为，Shin 和 Park（1999）认为公司投资决策很大程度上会受到外部环境的影响。

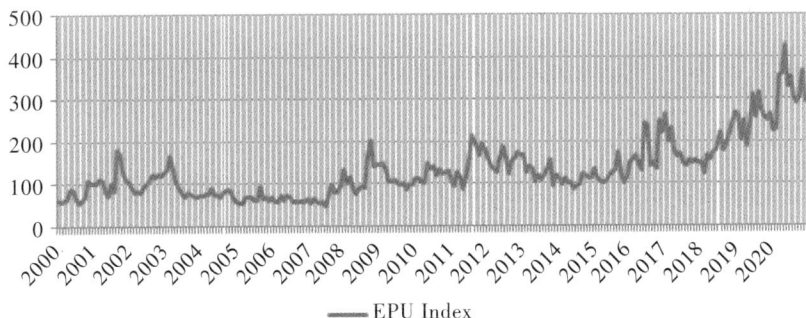

图 1-2　全球经济政策不确定性指数走势图

（资料来源：SCOTT R B，NICK BLOOM，STEVEN J D. Economic policy uncertainty index［EB / OL］.（2021-12-01）. http: //www. policyuncertainty.com / global_monthly.html.）

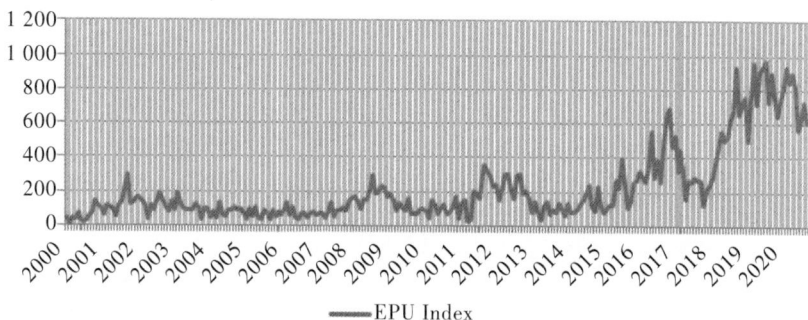

图1-3　中国经济政策不确定性指数走势图

（资料来源：SCOTT R B，NICK BLOOM，STEVEN J D. Economic policy uncertainty index［EB/OL］.（2021-12-01）. http：//www.policyuncertainty.com/global_monthly.html.）

对于企业而言，较高的经济政策不确定性，意味着企业面临的外部环境风险较高（Pastor和veronesi，2013），企业投资环境将发生深刻变化，会直接削弱管理层精确预测未来投资回报的能力，因此，经济政策不确定性的升高有可能导致错误的决策或者比错误决策更大的损失（Gulen和Ion，2012）。然而目前关于经济政策不确定性的经济后果的研究主要集中在宏观层面，研究其对经济增长、通货膨胀、进出口贸易等的影响，对其如何影响微观企业行为的文献则相对较少，本书主要采用Baker团队开发的经济政策不确定性指数，并对相关的应用研究进行文献梳理，以便为后文的写作打下理论基础。

1.经济政策不确定性的内涵及特点

一般文献认为对于"不确定性"的探讨源于弗兰克·奈特（1921）的经典著作《风险、不确定性与利润》，并将"不确定性"定义为"在任何一个瞬间那些由个人所能创造的可以被意识到的各种可能之和"。后来的学者们在此基础上利用概率和统计学的相关知识构建了不确定性模型，用于投资、投机以及套期保值方面的决策。Bloom（2014）认为，经济政策不确定性是人们对未来的经济状况知之甚少，无法准确预测，或者对未来的环境一无所知。他在文章中进一步阐述了经济政策的不确定性有多种来源，例如一国宏观经济的变化、财政政策、货币政策和税收政策等的调整、家庭企业和政府部门对经济增长前景的观点分歧、GDP的变动以及恐怖主义、战争气候变迁和自然灾害等非经济事件（丁志帆，

2018)。对于"不确定性"也有其他的表述，如 Jurado（2015）将其定义为"行为人对当前或未来经济状况不确定程度的一种状态思想"。

以上学者对经济政策不确定性的定义各有侧重，但内涵并没有实质性的差异，本书关于不确定性的认定与 Bloom（2014）和 Gulen 等（2016）一致，概括地讲，经济政策不确定性指的是市场主体无法确切预知未来经济政策的变化情况（Gulen 和 Ion，2016），它所涵盖的内容广泛，包含一切对经济具有影响的政策不确定性（潘群星，2017）。具体地说，经济政策的不确定性主要来源于四个方面：谁将制定经济政策，制定什么经济政策，什么时间执行经济政策，经济政策的执行效果如何（Baker，Bloom 和 Davis，2016）。即包含一切对经济有影响的政策不确定性，比如政府领导人的换届、货币政策、财政政策、税收以及监管政策等的不确定、何时执行以及执行过程中的不稳定因素造成的执行效果与预期效果间的差异等等，均构成了经济政策不确定性的来源。当然以上不确定性还包括非经济的政治事件，例如俄乌冲突、海湾战争、"9·11"事件等，同时也包括短期与长期的不确定性，如中央何时调整利率，国家未来如何支持创新型项目等等。

近年来，已有不少经济学者关注到不确定性对宏观经济以及微观企业的影响，但是囿于经济政策不确定性难以测度，研究以理论居多，实证较少。直到 2013 年由斯坦福大学的 Baker、Bloom 和芝加哥大学的 Davis 三位教授（2013）构建了 EPU 指数用来衡量经济政策的不确定性程度，解决了测度的问题，同时也得到科学的检验和广泛的认可，并带来了学者们新一轮关于政策不确定性的相关研究。目前，该团队将包含美国、印度、加拿大、韩国、法国、德国、意大利、日本、西班牙、英国、中国、俄罗斯、澳大利亚、巴西、智利、希腊、爱尔兰、墨西哥、荷兰以及瑞典等国家的 EPU 指数在网站上（http：//www.policyuncertainty.com）定期更新，形成月度数据，供研究者们使用。

政府的经济政策不确定性主要体现在货币政策、财政政策、税收政策等多方面，但是这种不确定性变化的幅度主要取决于两个方面，一个方面是外部冲击所导致的经济衰退，比如政治摩擦、局部冲突、大规模战争、自然灾害以及金融危机等等；另外一方面源于政策不确定性本身在经济萧条期会自然提升，这便造成了不确定性幅度的大大增加。比如1991年第一次海湾战争以及2003年第二次海湾战争时期，经济政策不确定性指数接近200；2008年全球金融危机时期经济政策不确定性指数超过了200；2016年、2017年经济政策不确定性指数超过了250，当时恰逢英国脱欧、美国大选前景未定以及欧洲难民危机等一系列黑天鹅事件，使得世界经济发展前景扑朔迷离，本书从发布经济政策不确定性的官方网站下载了全球经济政策不确定性与重要事件对应图（如图1-4所示），可作参考。由于此图最新数据只更新至2017年，故2020年全球冠状病毒疫情带来的重大经济政策的不确定性影响未能标注在图中。

大量证据显示，经济政策不确定性具有逆周期特征（丁志帆，2018），即在经济繁荣时下降，在经济萧条时剧烈增加（Bloom，2014）。本书绘制了全球经济政策不确定与经济增长速度（如图1-5所示）以及中国经济政策不确定性与经济增长速度（如图1-6所示）之间的关系图，可以看到，经济政策不确定指数越高，GDP增长速度越低，两者保持着一种负向相关关系，应特别注意：经济政策不确定性在全球金融危机时期呈现出逆周期特征。Jurado（2015）发现经济政策不确定性还呈现出强逆周期特征，即在衰退期往往存在着比非衰退期更强烈的不确定性，这也很好地解释了历史上著名的经济衰退及其后期的持续失业现象。

2.经济政策不确定性的经济后果

一直以来，针对经济政策不确定性的研究并没有引起主流经济学和管理学研究者们的重视，人们更多地将经济政策不确定性作为经济衰退的结果对待，而不是原因，这一现象一直持续到2008年全球金融危机爆发，有学者开始注意到这种不确定并不一定是经济衰退的表现，很可能是造成了经济衰退的元凶，为此，Bloom（2009）为了考察不确定性是否冲击了美国的经济增长，采用简约VAR模型，得出结论——不确定性对美国的产出、就业和生产率均造成了急剧的下降。Baker等人（2013）利用自己团队开发的经济政策不确定性指数实证检验了不确定性是导致2007—2009年美国经济衰退以及后期经济复苏缓慢的关键因素，并且这一检验结果得到了美国联邦政府以及国际货币基金组织的认可，多次重复强调与财政政策和货币政策相关的不确定性造成了金融危机后的缓慢复苏。

指数 1997年1月至2017年5月全球经济政策不确定性指数
325

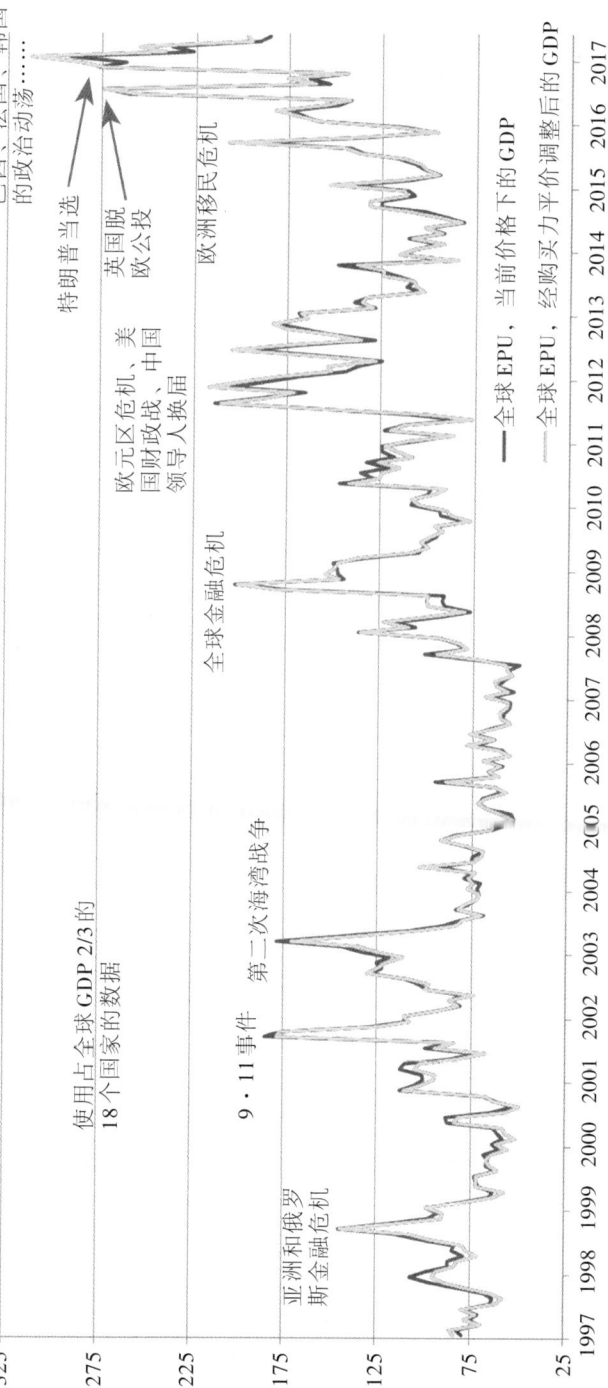

275

225

175

125

75

25

1997 1998 1999 2000 2001 2002 2003 2004 2005 2006 2007 2008 2009 2010 2011 2012 2013 2014 2015 2016 2017

亚洲和俄罗斯金融危机

9·11事件

第二次海湾战争

全球金融危机

欧元区危机，美国财政战，中国领导人换届

欧洲移民危机

特朗普当选

英国脱欧公投

巴西，法国，韩国……的政治动荡……

使用占全球GDP 2/3的18个国家的数据

——全球EPU，当前价格下的GDP

——全球EPU，经购买力平价调整后的GDP

图1-4 全球经济政策不确定性与重要事件

注：全球EPU计算为美国、加拿大、巴西、智利、英国、德国、意大利、西班牙、法国、荷兰、俄罗斯、印度、中国、韩国、日本、爱尔兰、瑞典和澳大利亚的月度EPU指数值的GDP加权平均数，使用IMF世界经济展望数据库中的GDP数据。国家EPU指数值来自网址www.PolicyUnderstance.com以及贝克、布鲁姆和戴维斯（2016）发表的文章。在计算全球EPU指数之前，从1997年到2015年，每个国家EPU指数均重新标准化为100。

（资料来源：SCOTT R B, NICK BLOOM, STEVEN J D. Economic policy uncertainty index [EB/OL]. (2021-12-01). http://www.policyuncertainty.com/global_monthly.html）

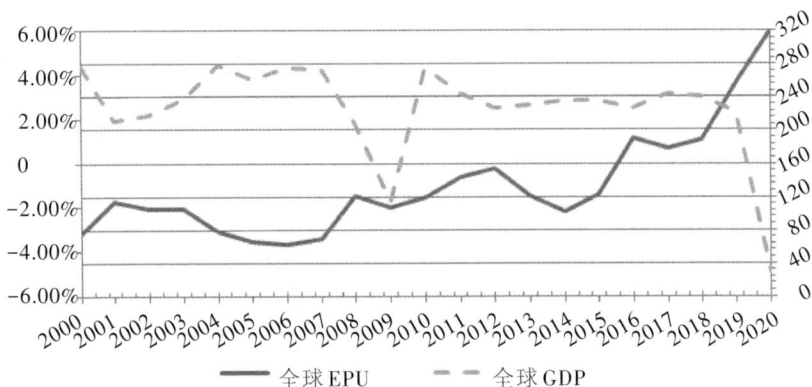

图 1-5　全球经济政策不确定性与经济增长

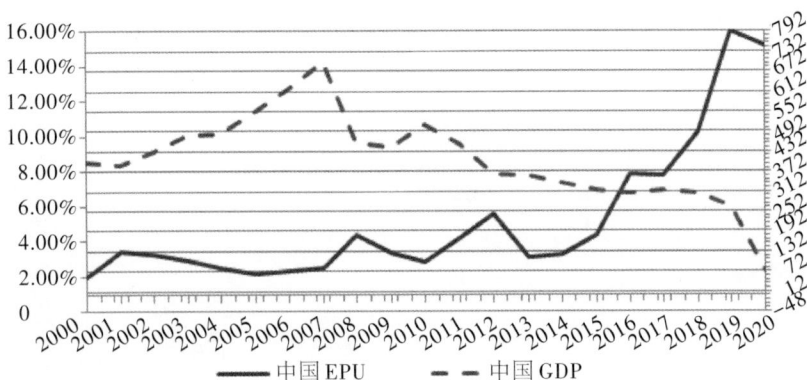

图 1-6　中国经济政策不确定性与经济增长

从 Bloom（2009）开创性的研究以及 Baker（2013）对经济政策不确定性指数的开发开始，经济政策不确定性的经济后果研究就引起了学者们的广泛关注，后期的研究主要沿着两个方向进行：一是通过构建理论与实证模型细致探讨经济不确定性影响国民经济的可能机制与实施路径（丁志帆，2018），主要存在于经济学者们的研究中；二是部分管理学学者们通过宏微观结合研究经济政策不确定性对微观企业的行为研究，目前有关不确定性方面的研究主要集中在前者，对于后者的研究尚在探索阶段。

（1）经济政策不确定性与经济活动

经济政策不确定性的经济后果研究主要集中在不确定性对经济增长、通货膨胀、贸易投资等宏观经济活动方面。Bloom（2009）以美国公司样本为例，使用 VAR 模型，发现美国的产出、就业与生产率在受到经济政策不确定性的冲击后会出现短期急剧下降，进一步分析发现在经历了初始的下滑后，美国工业生产迅速恢复，产出增长以最终超过其总体趋势 1% 的速度回归，这一现象也被学者们形象地称为"等待与观望"（wait and see）。基于 Bloom 开创性的研究成果，大量学者开始将经济政策不确定性作为一种影响因素而非一种结果去研究金融危机时期美国经济复苏缓慢的深层次原因，多数研究表明经济政策不确定性会对经济增长、投资消费造成负面影响，代表性的成果有：Baker 等（2016）研究发现，经济政策不确定性的上升造成了美国实际 GDP 的下降以及民间投资和雇佣的减少；Handley 和 Limao（2017）研究发现，经济政策不确定性的增加会在短期内降低企业投资和消费者支出意愿，最终抑制了投资与贸易的增长。另外，也有学者探讨了经济政策不确定性对经济滞胀以及股价方面的影响，Fernández-Villaverde（2015）仅从单一财政政策的不确定性视角研究得出其在造成经济滞胀方面是一个不可忽视的因素；经济政策的不确定性同时还加剧了企业股价的波动（Durnev，2012；Pastor 和 Veronesi，2013）。Benati（2015）使用结构 VAR 模型检验了经济政策不确定性对美国、英国、加拿大和欧盟地区的差异影响，研究发现经济政策不确定性对宏观经济的影响都不重要，这与其他学者的研究结论略有差异。

我国具有代表性的成果有金雪军等（2014）运用 FAVAR 模型检验经济政策不确定性对中国宏观经济的整体影响，发现政策不确定性对GDP、投资、消费、出口以及价格变动均会带来消极影响，导致实际有效汇率贬值，促使股票价格和房地产价格下跌。在他研究的基础上，黄宁等（2015）改进模型利用面板向量自回归（PVAR）模型重点区分区域样本检验经济政策不确定性对宏观经济的影响，得到相比较于东部发达地区，西部欠发达地区受到的经济政策不确定性冲击更大的结论。欧阳志刚等（2019）通过时变 VAR 模型实证检验了中国经济政策不确定性通过投资和创新双轮驱动对经济增长的非线性冲击效应，研究发现中国经济政策不确定性抑制了经济增长且呈现出时变特征，这种抑制效应在新常态后可以得到一定程度的减缓。

（2）经济政策不确定性与企业行为

经济政策不确定性对微观企业的影响研究主要基于对不确定性的不同度量，主要区分为以下几种：一是采用政治选举；二是采用具体某一种政治经济政策从模糊到明确的发布过程；三是采用 Baker 团队开发的 EPU 综合指数。

针对第一种度量方式，Julio 和 Yook（2002）选用国家选举的自然实验检验经济政策不确定性与企业投资行为之间的关系，研究发现，在选举的年份里，企业投资支出平均降低了 4.8%，Jens（2017）聚焦于美国地方选举的政策不确定性对当地企业投资的影响，也得出了相同的结论，政策的不确定性的确会降低企业投资，进一步研究还发现，政策的不确定性不仅延迟了投资决策还有股权与债券的融资，这些结论很好地回应了 Bloom（2009）的"等待与观望"（wait and see）观点。Colak 等（2017）发现当一个地区即将进行地方选举时，该地区企业的 IPO 活动明显降低了，同时 IPO 报价也变得非常低，从而提高了企业的资金成本，还有学者发现美国地方选举之年企业的兼并收购活动也明显减少了（Chen 等，2017）。

针对第二种度量方式主要聚焦于政策本身，经济政策的不确定性既包含政治的又包含经济的，是一个非常复杂的不确定性集合，如何对其加以度量一直是技术上的难题，在尚未开发出综合指数以前，学者们最常用的方法便是利用某一政策事件带来的不确定性进行度量。Handley（2014）利用动态模型，研究贸易政策的不确定性带来的微观企业影响，发现贸易政策的不确定性会推迟出口型企业进行新开发市场的决策，同时企业面对关税削减政策的反应会变得不敏感。Arif 和 Lee（2014）、Mclean 和 Zhao（2014）发现一国的经济增长水平会影响到企业的风险承担倾向，当处于繁荣发展期时，与之相伴的是较高的增长预期以及宽松的融资环境，企业整体投资处于较高水平；当经济衰退、市场低迷时，融资约束提升，投资决策更为保守。王永海等（2013）和何威风等（2017）分别检验了 2007 年我国企业所得税改革和中央企业全面实施的 EVA 业绩评价两个自然实验对企业风险承担的具体影响，发现政策实施后企业风险承担水平均有所提高。

随后，采用Baker团队开发的EPU综合指数度量经济政策不确定性指数进行企业行为研究的学者占到了多数，一些官方组织如联合国、美国基金会、美国联邦政府等均采用该指数来反映经济政策不确定性的程度，2013年之后，随着该指数在越来越多的国家使用，它变得越来越完善，也得到了更多学者的青睐。王红建（2014）利用该指数研究了经济政策不确定性对企业现金持有水平的影响，发现经济政策不确定性越高，公司出于预防动机会增加现金持有水平；郝威亚等（2016）从实物期权理论出发，选取工业企业数据，发现经济政策不确定性的增加，导致企业推迟了研发投入的决策，从而抑制了企业创新，进一步发现融资约束小的企业更加倾向于推迟研发决策，创新受到的抑制作用更强。李凤羽（2015）、饶品贵（2017）利用经济政策不确定性指数检验了较高的政策不确定性会抑制企业投资，并且这种抑制作用在金融危机之后表现得更为明显，另外在较高的经济政策不确定性时期，企业出于风险对冲策略的考虑，会降低高管变更的概率；还有学者认为环境不确定性提高了企业的资本成本（林钟高，2015），以上研究均认为政策不确定性对企业有负面影响，但也有学者认为经济政策不确定性可以提高企业的风险承担水平进而带来经营业绩的增加（刘志远，2017）。

（3）对经济政策不确定性的度量

无论是进行经济政策不确定性的理论研究还是相关实证研究都离不开对其有效的测度。一直以来，困扰学者们进行经济政策不确定性经济后果研究的核心因素源于如何对其进行科学而有效的度量，经济政策是一个非常复杂的集合体，不仅包括经济的不确定，而且包含政治的不确定，如何将这种不确定进行汇总反映是个技术难题，但是学者们没有放弃，从早期简单地采用波动性代理到后期的基于信息化手段的关键词分析，如今已经产生了较为科学的度量手段。根据测度理念的不同，通常可以将经济不确定性的统计测度归结为如下三类。

①采用不同层次的波动间接测度经济政策不确定性。

Leahy和Whit（1996）提出了一个具有前瞻性的方法，使用会计年度中的公司每日股票回报波动也就是季度标准差度量经济政策的不确定性。他们认为不确定性是非常广泛的，一切造成股票收益波动的因素均构成了不确定性的来源，包括税收、法规、利率、工资、汇率和技术变化等。但是，对这种测量的一个可能缺陷是，股市回报的波动性可能会部分反映出与基本面无关的噪声，比如股票价格泡沫。但是这一方法在早期得到了十分广泛的应用，后来 Bloom（2007）在股票收益率的基础上提出了其他几个代理变量，这几个代理变量均使用公司横截面数据进行度量。第一种为公司利润增长的标准差，具体采用税前利润增长率的横截面标准差，并按季度进行度量，并且利润增长与相同行业公司的生产率增长和需求增长高度吻合。第二种为股票收益率横截面月度标准差，不同于上述股票收益率的季度标准差，该指标使用 CRPS 数据库文件进行月度测量，但是观测样本仅限于拥有 500 个月或以上股票回报数据的公司。第三种为行业水平 TFP（Total Factor Productivity）增长的标准差，该数据使用 NBER 工业数据库年度测量值（Bartelsman、Becker和 Gray，2000），主要是制造业样本。第四种是国内生产总值（GDP）的预测偏差，这个度量主要使用每半年进行一次的菲利德尔菲娅联邦储备银行的利文斯顿（Philadel-phia Federal Reserve Bank's Livingstone）专业预测，它被定义为一年前 GDP 预测的横截面标准差，通过一年前GDP 预测的平均值进行标准化处理，只有半年预测次数大于 50 次的样本才能成为选择对象，这样可以确保样本量的充足。以上这几种度量方法均与股票收益率波动性指数有很强的相关性。

虽然上述方法简单易行且具备可直接观察的便利性，但是单一指标通常无法完全匹配不确定性冲击对经济活动的影响。例如，并不是所有经济主体都在股票市场进行投资，而且不确定性更多的是强调波动的"不可预测性"，而非波动性或离散方差。另外，上述测度指标的适用性取决于代理变量与潜在不确定性的相关性，而股票市场的波动率或企业生产率离差等代理变量与经济不确定性的相关性并不像表面显现得那么强。在某种程度上，即使经济基本面不存在任何不确定性，但假如杠杆率抑或行为人风险规避态度出现了变化，股票市场也同样会发生波动（Bekaert，2013）。同样，仅仅是企业生产经营活动的异质性也有可能造成企业层面利润额、销售额和 TFP 的离散度在经济波动中增大（Jurado 等，2015）。

②根据具体的政策本身直接进行检验。

这类度量方法聚焦于一些重大政策事件本身，如选举事件、税收政策变动、反腐倡廉建设、贸易政策或者财政政策变动等等，主要采用事件研究法，直接精确到具体某项经济政策的不确定性对经济活动的影响，但是其缺乏连续性，只能测度单一的政治活动、财政、税收或货币政策不确定性，无法对经济政策不确定性的总体重要程度进行度量（潘群星，2017）。该种度量方法深受我国学者青睐，中国是一个政策频出的国家，使用这种方法具有独特的优势，能更准确地反映具体某项政策的效应强度。

③基于新闻媒介或网络搜索信息构建经济政策不确定性指数。

使用这种测度方法最为著名的例子便是由斯坦福大学的Baker、Bloom和芝加哥大学的Davis三位教授基于报纸报道频率首先为美国构建了一个经济政策不确定性指数（EPU），并从1985年开始研究其演变。该指数主要从三个方面衡量经济政策不确定性：一是与经济相关的政府政策的新闻报道；二是美国联邦税收法案；三是经济当局的财政政策和货币政策。

该指数反映了美国10家主要报纸中与不确定性相关的词语出现的频次，这些词语包含以下三个方面："经济"或"经济的"；"不确定"或"不确定性"；以及"国会"、"赤字"、"联邦储备"、"立法"、"法规"或"白宫"中的一个或多个。采用同样的方法，在词语中加入严格的限制，进一步将不确定性指数细分为具体的医疗不确定性指数和国家安全不确定性指数（Baker等，2016）。为了检验该指数的有效性，Baker团队采用多种方法对EPU进行评估，最终展示了该指数与其他经济政策不确定性指标的强烈关系，同时也得到了市场的使用验证，包括彭博社（Bloomberg）、美联储经济数据（FRED）、哈维尔（Haver）和路透社（Reuters）在内的商业数据提供商持有该指数，以满足银行、对冲基金、企业和政策制定者的需求。市场采用的这种模式表明，该指数可以为一系列决策者提供有用的信息。相对于Baker等（2016）的研究而言，Brogaard和Detzel（2012）构建的政策不确定性指数在国际背景下使用更具广泛意义的Access World News数据库进行测算，而且该计算方法使用了更加宽泛的检索词如"税收""管制""不清楚""不明确"去捕捉经济政策的不确定性。

采用同样的方法，该团队目前将包含美国、印度、加拿大、韩国、法国、德国、意大利、日本、西班牙、英国、中国、巴西、希腊、新加坡、墨西哥、智利、澳大利亚、爱尔兰、荷兰、哥伦比亚、瑞典以及俄罗斯等多个国家的 EPU 指数在相关网站（http：//www.policyuncertainty.com）上定期及时更新，形成月度数据。其中，中国经济政策不确定性指数以《南华早报》为基础，通过识别含有"China" or "Chinese"、"uncertain" or "uncertainty"、"economic" or "economy" 并且涉及 "policy" 等不确定性关键词的文章数，除以该报纸所发文章的总数来计算，并将这一时间序列正规化成均值为 100 的月度数据序列，始于 1995 年 1 月。2015 年 Baker 团队对 1995 年 1 月至 2012 年 2 月中国经济政策不确定性指数的效果进行检验，发现其测量精确度高达 98.4%，得到了国内学者的青睐。

随着网络爬虫等新兴信息技术手段的广泛运用，基于报纸的不确定性测度在近期经济不确定性测度研究中颇为流行，部分是因为这种测度方法更容易（无论是在美国、其他欧元区国家还是新兴市场经济国家），更重要的是这种度量方法解决了单一政策检验时的不连续性，可以综合反映一个国家整体经济政策不确定性的程度，克服了经济政策不确定性在量化方面的缺陷。值得一提的是，虽然基于大数据的经济不确定性测度面临诸如数据处理工作量大、过程复杂等问题，但在传统调查数据缺失、模型选择存在偏差的可能情况下，基于文本挖掘或网络搜索的经济不确定性仍是表征经济不确定性程度的理性选择。

1.3 文献述评

基于委托代理理论、信息不对称理论以及融资约束理论等理论研究，学术界较为深入地探讨了影响企业风险承担的内部企业因素和外部环境因素，取得了一些具有价值的研究结论，但是从研究进展来看，宏观层面的影响因素探讨仍然处于起步阶段，还存在一些不足之处。另外，很多学者应用Baker团队开发的经济政策不确定性指数做了大量研究。虽然已有研究成果为本书的研究提供了坚实的理论基础和技术手段，但也存在一些不足之处。

第一，现有文献多基于内部公司层面，从外部宏观因素方面进行研究的文献不足。关于企业风险承担影响因素的研究，大多基于公司层面的因素，如企业基本特征、公司治理以及管理者个人特征，涉及外部宏观层面影响因素的研究还较少，主要从法律、文化和宏观经济视角分析，且从经济环境角度出发的文献，大多基于具体某项政策，主要采用事件研究法，即研究某一具体经济政策发布执行对风险承担的影响，优势是研究了具体的政策效应，不足之处是由于缺乏连续性，无法从整体经济政策不确定性的重要程度去考量。

第二，经济政策不确定性指数的应用主要集中在宏观经济活动领域，与微观企业行为的结合研究仍是一个新问题。现有文献主要探讨了经济政策不确定性对投资、就业、产出、经济增长以及金融市场等的影响，只有极少数的文章探讨了经济政策不确定性对微观企业行为的影响，其中鲜有学者针对企业风险承担进行研究。事实上，公司的投资决策很大程度上会受到外部环境的影响，而经济政策不确定性近年来持续升高，这种不确定性对企业决策行为造成的影响理应得到关注。

第三，缺乏对经济政策不确定性的科学测度。以往文献中涉及的关于经济政策不确定性的度量，大多基于传统调查、股价波动或者构建模型的方式，但是这些度量方法容易出现调查数据缺失、波动的噪声太多以及模型构建存在偏差等问题，因此针对经济政策不确定性的科学度量一直是困扰学者们的技术难题，这使得相关研究存在偏误，容易导致不可靠的结论。近年来，Baker团队开发的EPU指数，建立在网络爬虫等新兴信息技术手段得到广泛应用的基础上，基于大数据技术的处理方式很好地克服了数据处理工作量大、过程复杂等问题，为相关研究提供了技术上的支持。

第2章　理论基础与机理分析

本章主要介绍和分析本书研究内容所涉及的相关理论与机理分析。相关理论主要涉及净现值理论、期望效用理论、实物期权理论、委托代理理论和战略–环境匹配理论，另外，基于经典CAPM模型，本书构建了基于风险调整的一般均衡模型，为所要研究的内容提供分析模型。本书主要阐述CAPM模型及其内涵，并在此基础上借鉴Lubos和Pietro（2011）的收益率模型，引入经济政策不确定性因素与风险承担因素，构建经济政策不确定性影响企业风险承担的数理模型，深入分析经济政策不确定性对企业风险承担的影响机理，为后续研究提供理论基础。

2.1　理论基础

2.1.1　净现值法则

企业进行项目投资时，会应用多种分析方法进行投资决策前的风险评估、项目分析及预测，净现值法则被称为企业投资决策时的"第一原则"（Ross et al.，2002）。简单地说，便是将项目的未来现金流按照一定的折现率，计算加总各年现金流现值再减去项目初始投资额，若其差额大于零，则企业可以实施投资，若其差额小于零，则企业应该放弃。一般来说，企业都会基于净现值的计算结果来选择那些净现值大的项目进行投资或者进一步分析决策，净现值越大意味着项目的未来收益为正、收益也越大。

净现值的计算公式为：

$$NPV = \sum_{t=1}^{n} \frac{A_t}{(1+r)^t} - A_0$$

其中，A_t为项目在第 t 期的现金流，A_0为项目的初始投资，r 为折现率，n 为项目周期。

如果 NPV 为正，则意味着投资项目的未来现金流现值大于初始投资，超过的部分能为投资者带来额外的收益，从而增大企业价值；如果 NPV 为负，则表明投资项目的未来现金流现值无法补偿初始投资成本，会给投资者带来损失，导致企业价值减少。根据净现值的计算公式，要计算出 NPV 的大小，至少需要满足如下假设条件：第一，投资项目未来的现金流是可以预测的；第二，折现率是已知的；第三，项目周期确定。但是，现实的资本市场很难轻易满足上述条件，折现率和各期现金流入与流出会受到项目自身特点、外部环境不确定性以及决策者风险偏好的影响，而项目周期亦会因投资环境和条件的不同而发生改变。

项目本身从开发的难度，开发周期，资金约束，市场反应等方面均表现不同，当出现项目虽然有良好的市场预期但是伴随有投资成本高、开发难度大、配备人才稀缺的情况，比起那些相对开发成本低，资金投入较小，难度较低的项目其流入流出的预测、寿命周期预估要更加不准确一些。另外，当企业经营活动所面临的外部环境若充满了各种不确定性，这意味着决策者需要根据自身掌握的信息以及判断的能力来评估项目的周期、折现率以及未来的现金流，这时决策者的风险偏好会发挥很大的作用，风险倾向型的决策者可能会"迎难而上"，自信地选择投资项目，而风险规避型的决策者则会更加担心损失带来的巨大效应而放弃实施项目。

因此，在现实的经济活动中，很多投资决策都是在充满不确定性的环境下做出的，各种投资项目在未来可收回的现金流量大小以及概率分布并不完全可知，这使得决策者在分析决策时需要对项目的各种可能性进行评估预测，最终确定可行的投资项目，另外更普遍的情况是，当决策者面对各种不确定因素时，会延迟做出决策，这些都需要我们去探讨无法满足完美资本市场条件下的可能结果。

2.1.2 期望效用理论

风险型决策的最基本决策准则是期望值准则，其基本原理是决策者应该选择行动空间中期望值最大的行动，这是探讨不确定性环境下理性决策的原则。根据期望效用理论，经济行为主体在决策过程中的选择行为是依据其对风险的偏好进行的，更进一步，行为主体的风险偏好可以理解为对风险型项目个体效用满足程度的差异，同时，这种偏好建立在不同的概率分布之间，可以通过期望效用函数来加以定义。简便起见，本书用 E [u(a)] 表示风险项目 a 的期望效用，Hu(a)表示风险项目 a 的效用风险熵，决策函数 f [Eu，Hu] 是关于期望效用 E [u(a)] 的增函数，关于效用风险熵 Hu(a)的减函数，且对于 a1，a2∈A，A 为决策方案凸集中的点，如果有：

E [u(a1)] ≥E [u(a2)]，且 Hu(a1)≤Hu(a2)，则 f(a1)≥f(a2)。

根据上式，可以得到以下两个决策方案：第一，若决策行动 A 中的所有行动方案的期望效用 E [u(a)] 都相同，则效用风险熵 Hu(a)最小的方案为最优行动方案。第二，决策行动 A 中的所有行动方案对应的效用风险熵 Hu(a)都相同，则期望效用 E [u(a)] 最大的行动即为最优行动。

可见，若所有决策行动的期望效用 E [u(a)] 相同，则只要比较它们的效用风险熵 Hu(a)的大小即可，效用风险熵最小的即为最优方案；如果所有行动方案的效用风险熵 Hu(a)相同，则只要比较它们的期望效用 E [u(a)]，期望效用最大的即为最优方案。这种决策假设中依赖于决策者的风险偏好是中性的，但是现实的情况是决策主体的风险偏好并不相同，金融经济学依据行为主体在投资决策中对待风险的不同态度，将其具体划分为风险厌恶型、风险偏好型以及风险中性型。因此，针对同一个投资项目，面对同样的投资环境，相对于风险偏好型，那些风险厌恶型决策者更容易放弃一些能够给企业带来现金流增加企业价值而风险较高的投资机会，他们更多地看到损失，更倾向于稳健而保守的策略。所以人的决策行为不只是考虑期望效用，还要考虑决策的风险因素，因此在解决风险型决策问题时，同时考虑期望效用和风险两个因素更加科学，也更符合决策者的决策行为机理。

当企业面临更加不确定的环境时，个体的决策选择更多地取决于结果与预期的差距而不是结果本身，期望理论认为大多数人在面临可以获得收益的时候表现为风险规避，即在确定的收益与风险之间，多数人会偏好确定的收益，这被称为"确定性效应"；另外，期望理论还认为个体对损失比对收益更敏感，即获得同样的收益难以抵消经历相应损失所带来的痛苦，所以，充满不确定性的环境让决策者对损失变得更为敏感。

2.1.3 实物期权理论

在投资项目的传统决策方法中，NPV净现值法占据了主要地位，但是这种方法尤其在经济环境、市场条件不稳定的情况下，会表现出一定的局限性，市场利率的不断变化对确定资金成本率有较大难度，另外，NPV法能够对投资进行盈亏分析，计算出盈亏额度，但是不能对投资者或企业能够获得的效益进行说明，对实际报酬率的计算不清晰。这会导致在实际投资过程中对投资大、回报大、投资报酬率高的高风险投资项目估计不足。因此，在不确定的环境中，实物期权理论的决策方法是对净现值法很好的补充。

实物期权法是通过将金融市场的规则导入企业的战略分析当中，对投资项目进行分析、规划和管理的一种方式。实物期权是包含在投资过程当中的，一些项目的期权价值较小，一些项目的期权价值较大，这与投资项目的不确定性有关，不确定性越大的投资项目的期权价值越大，重点强调投资的不可逆性。如果企业经营存在不确定的因素，那么企业管理层可以及时通过实物期权来调整决策，从而创造出更大的经济效益，不同的公司对于实物期权有着不同的对待方式，这取决于决策者面对不确定性时对风险和收益的认识。

实物期权主要有如下几种类型：

第一，建造时间型期权。建造时间型期权也可以称为时机选择期权，就是把投资划分成为一个支出序列，如果新信息对于整个发展来说是极为不利的，那么可以选择在此期间放弃期权。企业应在每一个环节对后续的各阶段所包含的价值期权进行相应的评估。一般来说，建造时间型期权集中在研发密集型行业，比如说医药行业，因为需要比较长的时间周期。

第二，推迟型实物期权。推迟型实物期权是通过等待来进行投资的，企业的决策者可以对某项决策进行慎重思考以后再进行投资，这样可以减少一些不必要的风险，尽量避免资金的亏损。对于一些不可回收的项目，需要在前期进行详细的分析，否则在项目运行后回收资金会造成比较大的损失。

第三，改变经营规模型期权。这一类型的实物期权是在市场条件变化的时候，企业的高层对于投资的规模以及速度进行调整。如果市场发展的状况比较好，则可以扩大和加快生产，如果市场条件不好，则可以削减生产。

第四，放弃型实物期权。放弃型实物期权是一种看跌期权，主要是在市场环境变化或者市场预期无法实现时，企业的高层可以放弃该项目并在二手市场上获得其价值。放弃型期权一般适用于长期建设的资本密集型项目，它对于一些新产品的项目估价来说也是重要的。

第五，转换型期权。转换型期权主要是指在价格或者需求发生变化的时候，企业高层可以对产品的组合进行修改，使用不同类型的资源生产相同类型的产品。转换型期权主要是对不同的经营条件来进行相应的转换。转换型期权主要是适用于一些产品转换方面的行业，比如说需求变动剧烈的产品。

第六，增长型期权。增长型期权主要是对于未来的发展进行合理的评估，对于未来的发展有一定的预期。比如一家数字产品公司要进入电视机市场，会对其销售渠道和投资行为进行合理的预期，为未来的发展指明道路。

由此可见，实物期权类型多样，具有灵活性强、适应性强、对企业长期发展能够提供参考等特点，在投资决策的各个方面都有其重要的应用价值。因此，投资决策层在进行投资和企业管理时要在实物期权法的应用过程中，根据市场环境的变化采取灵活的应对行为。对投资环境进行主动适应，在投资决策中可以根据具体的不确定性情况对投资项目进行延期或中止，待市场环境明朗或者对企业投资有利之后再开展投资活动，以求获得更高的收益。保持动态化的投资战略，促进企业在投资活动中不断取得成功，需要企业不断进行创新和学习，适应资本市场的动态变化。

2.1.4　委托代理理论

企业被看作一系列契约的集合体（Jensen和Meckling，1976）。在所有权与经营权分离的状态下，所有者拥有对企业资产和现金的剩余索取权，所有者与经营者之间被定义为一种委托代理关系。所有者是委托人，是企业的投资者，管理者为代理人，是企业的直接决策者，在企业的经营活动中，两者的目标函数往往不一致。对于所有者而言，他们希望企业的投资决策能够提高企业价值以实现自身利益的最大化，而对于管理者而言，他们却具有极强的个人私利最大化的动机，因此两者之间的代理问题将促使企业的投资决策偏离价值最大化的目标。

委托代理关系中，由于管理者与所有者目标函数的不同，必然会带来比较严重的代理冲突，主要体现在以下几个方面：

第一，经理帝国主义。Jensen等认为，管理者控制了企业较多的资源能从中获利因此存在过度投资的动机。尤其是在企业有充足的现金流时，管理者往往会顾及自身利益而不愿意将自由现金流返还给所有者。原因在于：一方面把现金还给股东会减少管理者控制的资源；另一方面当把现金返还给股东后，日后需要资金时只能通过举债的方式解决，增加了企业对资金的刚性约束。所以，基于自身报酬和声誉的考虑，管理者可能会通过将自有资金投资在那些能增加自身价值而非企业价值的劣质项目上。

第二，偷懒行为。偷懒是管理者道德风险的另一种表现（Bertrand

和Mullainathan，2003）。对于管理者而言，长期的投资项目存在私人成本，这主要表现在当企业选择长期的投资项目后，管理者便肩负了更大的监管责任，为了保证项目的顺利运行，管理者可能需要学习新的知识以提高自身能力，于是，管理者不得不付出更长的工作时间和更多的努力，以应付这些长期性投资项目带来的工作压力，这就意味着，管理者为了安于享乐而放弃一些高风险高回报的项目。

第三，管理者的短视。Stein（1989）提出，即便是在有效的资本市场中，企业管理者也会为了提高股价而采取短视的投资行为。Lundstrum（2002）进一步分析认为，短视行为的潜在原因是管理者出于职业的考虑，即管理者在关心本期在职收益的同时，还很关心未来是否被留任。在经理人市场主要根据投资项目的业绩来判断管理者能力的情况下，管理者为了提高职业声望，会更偏好那些营利快的短期项目，而放弃那些有助于企业价值增值的长期项目。管理者的短视行为往往伴有投资不足的现象。

2.1.5 战略-环境匹配理论

战略-环境匹配的真正目的在于使得企业战略与经营环境之间建立并维持一种紧密一致的关系（Venkatraman，1989）。企业与环境之间的关系源于企业对环境有一定需求，企业只有通过与环境交换获取依赖性的资源和信息，努力实现二者的适应性匹配才能实现企业绩效的增长。战略适应学派甚至认为，战略成功的本质在于战略的适应性，Kent（1999）提出的逻辑改良主义（Logic Incrementalism）思想把战略的成效归因于战略对环境变化的逻辑适应过程。

企业与环境在不断匹配的过程中共有六种模式：调节（Moderation）、中介（Mediation）、配对（Matching）、完形（Gestalt）、组合背离（Profile Deviation）和共变（Covariation）。调节模式指企业战略与其他变量的交互效应会影响企业绩效，如企业战略和组织外部环境的交互效应会影响企业绩效；中介模式指企业战略在组织变量与绩效间充当中介变量，如企业的市场份额会影响企业战略进而影响绩效；配对模式指企业的战略必须与其他变量相匹配才能创造好的绩效，如企业的多元化战略需要事业部制的组织结构；完形模式指依据企业绩效高低的不同调节多元战略变量间的协调性，强调多元变量间的匹配；组合背离模式指两个组合间吻合的程度，例如企业的信息系统与企业经营战略相吻合可以提高企业绩效；共变模式类似于大战略，指组织各变量的一种均衡配比状态，一旦某一变量发生变动必然会引致其他变量的变动，例如组织在研发、设计、生产和销售各环节的资源配置必须达到某一均衡状态，某一环节的单独变动都需要其他环节的联动反应才能支持战略的有效执行。

当外部环境不确定性增大时，决策者会因为缺乏信息或者没有能力区别相关的和不相关的数据，导致预测的准确度下降，进而可能导致风险主要表现在对战略决策范围和决策模式的影响上。环境不确定性使企业战略决策处于有限的可选集内，即亨利·明茨伯格（Henry Mintzberg）所说的"外部条件使组织处于特定的范围之中"。例如，市场的差异性和敌对性限定了企业可以采取的战略和可扩展的经营方式，在这样的选择集内，企业决策往往形成次优决策而非最优决策，在资源和信息相对不足的情况下，决策者可能在有限的决策集内选择风险性策略。资源能力理论实际上表达的是一种战略决策的环境限制关系，即"企业决策所受的限制源于环境变化，作为一种综合力量向组织展现自身，组织必须适应这种变化"。

可见，战略与环境处于"适应—偏离—变革—适应"的循环过程，战略的作用和目的就是取得组织与环境的匹配或适应。

2.2 经济政策不确定性下的企业风险承担机理分析

2.2.1 CAPM 模型

资本资产定价模型（Capital Asset Pricing Model，CAPM），作为基于风险资产期望收益均衡的预测模型之一，CAPM阐述了在投资者都采用马科维茨（Harry Markowitz）的理论进行投资管理的条件下市场均衡状态的形成，把资产的预期收益与预期风险之间的理论关系用一个简单的线性关系表达出来了，即认为一项资产的预期收益率与衡量该资产风险的尺度 β 值之间存在正相关关系。应该说，作为一种阐述风险资产均衡价格决定的理论，单一指数模型，或以之为基础的 CAPM 大大简化了关于投资组合选择的运算过程，使马科维茨的投资组合选择理论朝现实世界的应用迈进了一大步，对整个金融理论与实践的发展都产生了巨大影响，成为现代金融学的理论基础。

经典的 CAPM 模型为：

$$E(r_i) = r_f + \beta_i(E(r_m) - r_f) \tag{2.1}$$

其中，$E(r_i)$ 是资产 i 的预期回报率；

r_f 是无风险利率；

β_i 是资产 i 的系统性风险，表示资产 i 的回报率对市场变动的敏感程度；$E(r_m)$ 是市场 m 的预期市场回报率；

$(E(r_m) - r_f)$ 反映了市场的风险溢价，等于预期市场回报率与无风险回报率之差。

CAPM 是建立在马科维茨模型基础上的，马科维茨模型的假设自然也包含在其中。

马科维茨模型的假设条件为：第一，投资者希望财富越多越好，效用是财富的函数，财富又是投资收益率的函数，因此可以认为效用是收益率的函数；第二，投资者能事先知道投资收益率的概率分布为正态分布；第三，投资风险用投资收益率的方差或标准差标识；第四，影响投资决策的主要因素为期望收益率和风险两项；第五，投资者都遵守主宰原则（Dominance Rule），即同一风险水平下，选择收益率较高的证券；同一收益率水平下，选择风险较低的证券。

CAPM 的附加假设条件为：第六，可以在无风险折现率 R 的水平下无限制地借入或贷出资金；第七，所有投资者对证券收益率概率分布的看法一致，因此市场上的效率边界只有一条；第八，所有投资者具有相同的投资期限，而且只有一期；第九，所有的证券投资可以无限制地细分，在任何一个投资组合里可以含有非整数股份；第十，买卖证券时没有税负及交易成本；第十一，所有投资者可以及时免费获得充分的市场信息；第十二，不存在通货膨胀，且折现率不变；第十三，投资者具有相同预期，即他们对预期收益率、标准差和证券之间的协方差具有相同的预期值。

上述假设表明：第一，投资者是理性的，而且严格按照马科维茨模型的规则进行多样化的投资，并将从有效边界的某处选择投资组合；第二，资本市场是完美（完全）市场，没有任何摩擦阻碍投资。

CAPM 给出了一个非常简单的结论：只有一种原因会使投资者得到更高回报，那就是投资高风险的股票。该模型在现代金融理论中占据着主导地位。同时，经典资本资产定价模型反映了三个重要信息：第一，单个证券的预期收益率由两个部分组成，无风险利率以及对所承担风险的补偿——风险溢价；第二，风险溢价的大小取决于 β 值的大小，β 值越大，表明单个证券的风险越高，所得到的补偿也就越高；第三，β 度量的是单个证券的系统风险，非系统风险没有风险补偿。本书将在CAPM 模型基础上构建基于风险调整的一般均衡模型。

2.2.2 一般均衡模型构建与机理分析

政治经济相关的新闻一直是资本市场的主流信息，上市公司的战略决策以及资产价格会对政府可能采取或者已经采取的行为做出反应。Pantzalis、Stangeland 和 Turtle（2000）以及 Li 和 Born（2006）发现，在大选前几周，股市回报率异常高，尤其是在具有高度不确定性的选举中。这一证据表明股权溢价与政治不确定性之间正相关。近年来持续增高的经济政策不确定性在中国也十分明显，例如持续升温的中美贸易摩擦（出口美国的多种产品被加征关税、美国的信息技术公司对我国相关企业在技术上设置阻碍等等）使得中美双方在政策方面仍然存在着诸多不确定性。虽然经济政策的不确定性对企业的决策行为具有明显的相关性，但是对于经济政策不确定性对企业风险承担的影响我们却知之甚少。

本书借鉴 Lubos 和 Pietro 的一般均衡模型来研究经济政策不确定性对企业风险承担的影响。企业经营的目的是企业价值最大化，获取未来收益，即风险承担最终是对未来收益风险的承担，最终表现为收益的波动，同时本书假定企业决策者是倾向于风险规避的。另外在本书的模型中，企业盈利遵循一个随机过程，其平均值受现行政策的影响（Lubos和Pietro，2011），政策（这些政策既包括政治的也包括经济的，本书在分析模型时简化为政策）对平均值的影响是不确定的。政府和企业决策层（合称代理人）都通过观察已经实现的盈利水平，以贝叶斯的方式了解这种影响。在某个特定的时间点上，政府做出一个政策决定，决定是否改变其政策，如果改变，应采用哪些潜在的新政策，潜在的新政策被认为是异质的。先验代理人期望不同的政策具有不同的影响，具有不同程度的先验不确定性。如果政策发生变化，那么代理人的信念将被重置，旧政策影响的后验信念将被新政策影响的先验信念所取代（Lubos和Pietro，2011）。

具体来说，本书在 Lubos 和 Pietro（2011）的企业收益率模型基础上，引入企业风险承担和经济不确定性因素。本书假定存在这样一个经济体，它的时域范围 $t \in [0, T]$，并且由有限个公司个体组成，个体 $i \in [0, N]$。公司 i 的资产收益率即利润大于公司资产的部分用 $d\prod_t^i$ 来表示，资产收益率是随机线性的，这样，对于所有 $t \in [0, T]$，公司 i 的资产收益率服从如下过程：

$$d\prod_t^i (\mu + g_t) dt + \sigma g_t dZ_t + \sigma_1 r_t^i dZ_t^i \tag{2.2}$$

其中，μ、σg_t、$\sigma_1 r_t^i$ 为三个可观测常量，分别代表没有经济政策影响下的平均增长率、t 时刻经济政策不确定环境下的平均系统风险和平均非系统风险；Z_t 服从布朗运动，Z_t^i 为专属于公司 i 的另一个独立的布朗运动；变量 g_t 表示 t 时刻经济政策对各公司资产收益率均值的影响，如果 $g_t=0$，表示宏观经济政策为中性，对资产收益率没有影响；r_t^i 表示 t 时刻企业 i 自行承担的企业风险。

公式（2.2）表明，企业资产收益率的变动由三部分组成：第一部分为资产收益率随时间变动的平均增长 $(\mu + g_t) dt$，这部分主要表现为无风险状态下的收益率；第二部分为宏观经济政策变动带来的系统风险 $\sigma g_t dZ_t$，宏观经济政策不确定性越大，则系统风险 $\sigma g_t dZ_t$ 越大；第三部分为单个企业自愿进行风险承担带来的非系统风险 $\sigma_1 r_t^i dZ_t^i$，如果企业的风险承担水平越高，则非系统风险 $\sigma_t r_t^i dZ_t^i$ 越大。可见，资产收益率的变动会受到宏观经济政策和企业风险承担水平的共同影响，由于瞬时的收益变动很难观测，我们对公式（2.2）进行差分处理，以期获得时段变动，在差分处理前，本书有必要对 g_t 的内涵及其分布做以下说明。

当相同的经济政策在执行时，其影响 g_t 为一个常量，g_t 的值只有在给定时间 τ，$0<\tau<T$ 时发生变化，此时政府颁布了一项不可逆的政策，在 τ 时刻，政府需要做出决定是否替换当前的政策，如果是，则需要决定采用 N 个潜在新政策中的哪一个，即政府从 N+1 个策略中选择一个，其中新政策 n={1，…，N} 为潜在的新政策，政策 0 表示自 0 时刻起一直持续的旧政策。设 g^0 表示旧政策的影响，g^n 表示第 n 个新政策的影响，对于 n={1，…，N}，g_t 的值则是时间的一个简单阶跃函数：

$$g_t = \begin{cases} g^0 \, \text{for} \, t \le \tau \\ g^0 \, \text{for} \, t > \tau \text{如果政策不改变} \\ g^n \, \text{for} \, t < \tau \text{如果政策改变} \end{cases} \tag{2.3}$$

期中：一项政策从 g^0 变为 g^n，将导致平均收益率的永久性改变；一项政策在时间τ经公布立即生效。

对于所有的 t∈［0，T］，g_t 的值是未知的，这一关键假设说明政府制定的经济或政治政策对企业收益率的影响是不确定的，截至 0 时刻，所有政策对收益率影响的先验分布为正态分布：

$$g \sim N(0, \sigma^2 g^2) \tag{2.4}$$

无论是旧政策 g^0 还是新政策 g^n，事先都是中立的，本书将 σg 称为经济政策的不确定性。其中，对于所有的 t∈［0，T］，g_t 为集合 $\{g^0, g^1, \cdots, g^N\}$ 中的一个，对于政府或者企业的管理者而言均是未知的。

接着，本书对公式（2.2）进行差分，差分形式为：

$$\prod_t^i = \prod_{t-1}^i + \mu + g_t + \sigma g_t (Z_t - Z_{t-1}) + \sigma_t r_t^i (Z_t^i - Z_{t-1}^i), t \in [0, T] \, i \in [0, N] \tag{2.5}$$

公式（2.5）表明，企业当期的收益率包括前一期的收益率、随时间变化的平均增长率、随时间变化的经济政策带来的增长率、宏观经济政策不确定性带来的随机影响以及企业自身承担风险带来的随机影响 5

个部分。其中，宏观经济政策的影响为系统风险，而企业自身承担风险的影响为非系统风险。企业会基于宏观经济政策不确定性的大小变动来选择企业自身的风险承担水平。

假设宏观经济政策的变动仅发生于期初，且企业能够根据新增信息及时对未来宏观经济政策不确定性的影响做出反应，于是，在新信息到达的 τ 时刻，企业的瞬时收益率、当期的平均收益率以及下一期的预期收益率的分布分别为：

$$
\begin{cases}
\prod_\tau^i = \prod_{\tau-1}^i + \mu + g_t \\
\text{VAR}\left[\prod_\tau^i\right] = \sigma^2 g_t^2 + \sigma_t^2 (r_\tau^i)^2
\end{cases} \qquad \tau \in [t, t+1] \tag{2.6}
$$

$$
\begin{cases}
\prod_\tau^i = \overline{\prod_\tau^i} = \prod_{\tau-1}^i + + \bar{\mu} + g_t \\
\text{VAR}\left[\prod_\tau^i\right] = \overline{\text{VAR}\left[\prod_\tau^i\right]} = \sigma^2 g_t^2 + \sigma_t^2 \overline{(r_\tau^i)^2}
\end{cases} \qquad \tau \in [t, t+1] \tag{2.7}
$$

$$
\begin{cases}
E_\tau\left[\prod_{t+1}^i\right] = \prod_\tau^i + \mu + E_\tau[g_{t+1}] \\
\text{VAR}_\tau\left[\prod_{t+1}^i\right] = \text{VAR}_\tau[g_{t+1}] + \sigma^2 g_{t+1}^2 + \sigma_t^2 (r_\tau^i)^2
\end{cases} \qquad \tau \in [t, t+1] \tag{2.8}
$$

其中，$E_\tau[*]$[①] 和 $\text{VAR}_\tau[*]$ 分别表示企业基于 τ 时刻已有的信息所做预期分布的期望值与方差，$\overline{[*]}$ 表示 * 基于已有信息的加权平均值。根据公式（2.6）和公式（2.7），企业的瞬时收益率、当期收益率及其波动性均取决于当时企业的风险承担水平以及当时政策不确定性带来的影响，只有公式（2.8）表明，企业下一期的预期收益率的分布取决于未来宏观经济政策的预期分布以及当前的企业风险承担水平。本书假定企业是风险规避型企业，当预期未来经济政策不确定性增大，则 $\sigma^2 g_{t+1}^2$ 会增大，并且系统性风险是企业无法控制的，未来收益流受到损失的可能性会变大，在这种预期水平下，企业为了减少未来的损失，表现为保证当前的收益率水平在下一期不变，即 $E_\tau\left[\prod_{t+1}^i\right]$ 保持不变，企业不得不在本期选择较小的风险承担水平 r_t^i，只有企业自身的风险承担是企业可以操作和控制的；当预期未来经济政策不确定性较低时，$\sigma^2 g_{t+1}^2$ 就会变小，系统性风险降低，此时企业的目标为实现企业价值最大化，收益的增大是首要考虑的目标，此时企业为提高收益会增加企业风险承担水平来得到多余的风险溢价。所以，企业是根据宏观

---

① ［*］表示任意某数，不特指某变量或某数字，下同。

经济政策不确定性的预期分布来选择本期的企业风险承担水平的，当企业预期的经济政策不确定性增大时，导致估计的 $\sigma^2 g_{t+1}^2$ 变大，$\sigma^2 g_{t+1}^2$ 的增大加大了企业未来预期收益率的风险，为了减少未来损失的发生，企业会尽可能降低企业风险承担水平 r_t^i 来弥补未来不确定性所造成的损失。这一模型的推导也验证了实物期权理论中基于投资不可逆的假设，环境不确定性的增加会让投资者延迟决策（直到信息更为明朗时才会制定投资策略）。

就整个 t 期而言，企业决策的完整时间轴事件为：第一阶段，t 期期初，企业观察到当期宏观经济政策，并计算出其对企业收益率的影响 g_t；第二阶段，t 期期间，企业接收到未来经济政策不确定性的信息，修正未来宏观经济政策不确定性预期，估计其对未来收益率的影响 $\sigma^2 g_{t+1}^2$，遵循尽可能减少未来损失的原则，调整当前的企业风险承担水平 r_t^i；第三阶段，企业选择调整后的企业风险承担水平将继续影响下一期的瞬时收益率和平均收益率；第四阶段，当宏观经济政策不确定性的相关信息进一步更新时，企业通过重新观察即可得到新的不确定性水平，继而重复第一阶段到第三阶段的过程。

实际上，由于瞬时收益率的分布是很难被观测到的，所以基于时点的结论无法直接用于实证检验，我们只能将瞬时收益率分布加权平均为期间平均收益率分布，采用平均收益率及其平均方差来研究经济政策不确定性对企业风险承担水平的影响。

2.3 本章小结

本章主要介绍了本书研究所涉及的相关理论基础，并构建了基于风险调整的一般均衡模型，该模型公式（2.2）是 CAPM（资本资产定价模型）的拓展，主要承袭了资本资产定价模型区分非系统风险和系统风险这一核心思想，保持了与 CAPM 一致的假设——投资者理性假设，即投资者以及企业管理者均为风险规避型个体，同时市场完全有效，可以随时借贷资金，产生的收益亦可用于再次投资。将风险溢价的部分分为系统性风险和非系统性风险，在系统风险中引入经济政策不确定性因素，在非系统性风险中引入企业风险承担因素，基于资本资产定价模型的范式，结合经济政策不确定性这一系统性风险推导新形势下的资产收益率回报模型。

第3章 经济政策不确定性影响企业风险承担的实证研究

    企业的决策行为离不开管理者对宏观经济形势的预判，经济政策的不确定性会直接影响微观企业行为。近年来，在新冠肺炎疫情席卷全球，美国各项政策频繁调整，中国全面深化改革以及全球范围内其他政治事件层出不穷的状况下，中美贸易摩擦持续升温，中国的经济政策不确定性平均指数居高不下。企业外部环境的不确定性，使得企业所处的外围环境变得难以推测。Shin 和 Park（1999）认为公司投资决策很大程度上会受到外部环境的影响。随着经济政策不确定性的增大，企业投资环境将发生深刻变化，会直接削弱管理层精确预测未来投资回报的能力，因此，经济政策不确定性的升高有可能导致错误的决策或者比错误决策更大的损失（Gulen 和 Ion，2012）。较高的不确定性让企业不得不"等待""观望"，管理者为了减少损失而减少对风险性项目的投资，直至获得更多的经济信息或者更明朗的政策信息。本章将结合第2章的数理模型以及理论分析重点研究经济政策不确定性如何影响企业风险承担行为。

3.1　研究假设

3.1.1　经济政策不确定性与企业风险承担

结合本书第2章关于经济政策不确定性下企业风险承担的机理分析，模型中表现出两种状态，第一为经济政策不确定性较高时，企业首要关注的是规避风险降低损失，经济政策的不确定性导致系统风险上升，此时，企业会通过降低可以自行控制的企业风险承担水平来达到减小损失的目的；第二为经济政策不确定性较低时，企业的目标是企业价值的最大化。此时企业为提高收益会增加企业风险承担水平以获得多余的风险溢价，进而获得较大的收益，因此，企业是根据宏观经济政策不确定性的预期分布去选择本期的企业风险承担水平的。

另外，风险承担水平反映企业进行决策时的一种风险偏好，Bargeron（2010）认为企业风险承担就是企业投资决策过程中对风险性投资项目的选择。风险承担水平越高，表明企业越倾向于选择风险高，预期能产生高收益的投资项目（Boubakri等，2013a；余明桂，2013）。除了模型机理分析外，本书还从实物期权理论、净现值理论和融资约束理论三方面分析经济政策不确定性对风险承担的影响机理。

在经济政策不确定的情况下分析企业对高风险投资项目的选择倾向，实物期权理论更加强调投资的不可逆性。诸如土地、设备、厂房、技术知识、市场、专利与研发等的投资，很难通过变卖、转变用途等方式收回其成本，因此，对风险性项目的投资选择更准确地说是在评价其投资机会。Myers（1977）和Ross（1978）认为可以将风险性项目潜在的投资机会视为另一种期权形式——实物期权，并将这种实物期权划分成等待投资期权，取消项目期权，终止期权和成长型期权。等待投资期权相当于看涨期权，因为企业投资风险性项目的大部分为沉没成本，如果企业可以获取更多的、更准确的信息之后再去决策，那么企业当前便会等待（延期投资），这等于企业拥有了看涨期权，其执行的价格为投资成本。经济政策不确定性的提高明显增加了公司拒绝高风险或者延缓高风险项目的概率，因为公司宁愿"观望"也不愿承担"后果不明"所带来的高昂成本，简而言之，企业对风险性项目的选择将变得谨慎，进而降低企业风险承担水平。针对处于实施阶段的风险性项目，当后续外部信息不理想，或者外部环境不确定性增大时，企业会提前终止或者取消项目的继续投入，等到未来信息明朗，市场状况好转时才会执行成长型期权，企业风险承担水平随之提高。

根据净现值理论，只有当项目的未来收益现金流的现值大于投资成本的现值时，企业才会选择投资该项目，而企业愿意选择高风险项目的原因是能够获得高风险带来的溢价收益，所以管理层预估风险性项目的未来收益流分布时，首先会对当前以及未来的宏观经济政策进行预判，较高的不确定性增加了管理层精确评估的难度，增大了风险性项目未来损失的风险。根据 Lubos 和 Pietro（2011）构建的资产收益率模型，经济政策不确定性直接增加了系统风险的部分，使得总收益率的风险（系统风险与平均非系统风险之和）增大，项目未来收益流风险将大大增加。通常情况下，企业管理者属于风险规避型个体，为了尽可能地避免失败，管理者进行决策时会变得更加谨慎，拒绝高风险的项目（Bloom等，2007）；同时，这种未来收益风险的增大也使得股东对项目投资回报评价难度增加，如果公司是由大股东控制，那么他们也会谨慎地选择高风险项目。总之，环境不确定性越高，所带来的未来收益流的风险也越大，损失风险越大，企业为了应对环境不确定性引起的未来突发事件的发生，必然会减少风险性项目的投资，降低风险承担水平。

另外，融资约束理论也可以很好地解释经济政策不确定性对高风险项目决策行为的影响。经典的财务理论认为，在完美的资本市场中，企业的外部资本与内部资本可以相互替代，然而现实的情况是信息不对称问题以及代理问题的存在使得外部融资的成本要高于内部资本的成本。资金借贷双方之间代理关系的存在导致两者目标函数往往不一致，代理人的信息要多于委托人，这种信息的不对称使得当代理人遇到内部资金约束问题时，资本市场上的逆向选择致使外部融资成本要高于内部资金成本，而外部资金成本的上升会降低企业当前的投资额度（Gulen 和 Ion，2016）。较高的企业风险承担往往伴随着高资本支出，那些受到融资约束的企业不得不从外部获得资金支持，显然经济政策不确定性带来的高信息不对称性促进了外部资本成本的上升（Ghosh 和 Olsen，2009），增加了高风险项目投资的成本，从而抑制了企业对风险性项目的选择，进而降低了企业风险承担水平。

基于以上分析，本书提出如下待检验假设：

假设3-1：经济政策不确定性的增加会抑制企业风险承担水平。

3.1.2 产权性质的异质性

在我国，产权属性的不同会直接影响企业的经营管理以及决策行为，所以在探讨经济政策不确定性对企业风险承担的影响时，需要考虑企业的产权属性。相较于非国有企业，国有企业在经济政策不确定性高的时期更加倾向于稳健的投资决策，经营效率要更差一些，原因在于政府的干预以及委托代理问题。

在政府的干预下，国有企业的经营目标并不一定是企业价值最大化，更多地要承担国家的政策性负担，比如维持社会稳定，降低失业率，稳定税收等，因此为了保证这些目标的实现，当经济政策不确定性增加时，国有企业会更愿意等待政府安排，在经济政策信息未明确前，国有企业负责人并不会贸然行动，加之在中国现行的行政体系下，国有企业的管理者基于晋升的隐性激励，有可能抱着"不求有功但求无过"的信念不会在不确定性高的时期冒险加大风险性项目投资，提升收益的不稳定性，使自身晋升受到影响，因此，基于稳定性优先的考虑，他们更愿意采取稳健而保守的投资策略，否决那些风险较高的投资项目。

国有企业的所有者缺位导致的代理问题也使得国有企业在面对经济政策不确定性时风险承担水平变得更低。国有企业更有可能存在严重的内部人控制问题，内部人很有可能利用控制权谋取私利，产生败德行为。因此，国有企业的代理成本要高于非国有企业，经济政策不确定性大大增加了信息的不对称，国有企业更加愿意按照国家政策进行项目决策，以保证个人利益最大化，倾向于规避风险，降低风险承担水平。Morck（2013）发现国有银行能够更可靠地传递货币政策，国有银行借贷对政策的反映更敏感。那些更加依赖国有银行贷款的国有企业，其风险承担水平受政策不确定性的影响更大。

基于此，本书提出如下待检验假设：

假设2：相较于非国有企业，国有企业风险承担水平受到的经济政策不确定性影响更大。

3.2 研究设计

3.2.1 样本选择与数据来源

2019年年底到2020年，为抗击新冠肺炎疫情，我国企业经受了巨大考验，故本书去除了2019年与2020年的数据，初始样本为2007—2018年在沪深交易所上市的所有A股上市公司。为了保证样本的可比性与实证结果的有效性，在此基础上还剔除了以下几类公司：（1）金融保险类上市公司。由于这类公司其商业模式有别于非金融类企业，在财务报表上的要求不一样，所以财务报表结构和主要会计项目也异于一般行业。（2）ST类公司。这类企业大多在异常的状态下经营，与一般企业不具有可比性。（3）有缺失值的企业。上市不足3年以及经数据库和手工收集仍然存在缺失值的企业，在不损害样本有效性的前提下剔除。本书所使用的数据，除了Baker（2013）构建的经济政策不确定性指数来自"经济政策不确定性"网站（http://www.policyuncertainty.com）外，其余数据均来自CSMAR数据库、WIND数据库以及各省统计年鉴，数据库中有缺失的信息作者已经通过手工检索的方式从年报中摘取并补充，最终获得了20 806个观测值。最后，本书对所有连续性变量在1%的水平上进行了winsorize处理，以避免极端值造成的异常影响。

3.2.2 变量说明

1.对企业风险承担的度量

已有文献对企业风险承担的衡量方法大致有四类：业绩表现、政策行为、生存状况和态度指标（王菁华和茅宁，2015）。其中，政策行为主要采用研发强度和杠杆来度量，缺乏全面性；生存态度采用企业生存可能性来度量，过于粗略；态度指标采用失败容忍度，因有一定的局限性而在研究中用得比较少；最为常用的度量方法是业绩表现，主要有企业盈利的波动性、股票回报率的年度波动以及ROA的最大值最小值之差，企业盈利的波动性被广泛用于衡量风险承担水平，因为当企业在决策中选择了较大风险的投资项目时，对应会承担较大的风险，最终会反映出收益的较大波动。因此本书借鉴了Jone等（2008）和Boubakri等（2013）对公司风险承担的度量，采用盈利波动的幅度σ（ROA）来反映企业风险的承担水平RISK。首先，按企业每一年的ROA的行业平均值调整ROA，然后计算企业在每一观测时段内经行业调整的ROA的标准差，具体见公式（3.1）、公式（3.2）与公式（3.3）。

$$RISK_{it} = \sqrt{\frac{1}{T-1}\sum_{t=1}^{T}\left(ADJ\_ROA_{i,t} - \frac{1}{T}\sum_{t=1}^{T}ADJ\_ROA_{i,t}\right)^2}\ (T=3) \tag{3.1}$$

$$ADJ\_ROA_{i,t} = \frac{EBITDA_{i,t}}{ASSET_{i,t}} - \frac{1}{x}\sum_{k=1}^{x}\frac{EBITDA_{k,t}}{ASSET_{k,t}} \tag{3.2}$$

$$ROA_{i,t} = \frac{EBITDA_{i,t}}{ASSETS_{i,t}} \tag{3.3}$$

RISK表示企业风险承担的水平；i代表企业，T代表时段，取值为3，采用年份滚动的方法，如2007—2009，2008—2010，2009—2011……，依此类推；ROA$_{i,t}$为企业i在t年度的税息折旧及摊销前利润（EBITDA）与当年年末资产总额（ASSET）的比值；x代表某行业的企业总数，k表示某行业第k家上市公司，ADJ_ROA$_{i,t}$为按照企业每年的行业平均值调整ROA$_{i,t}$，最后计算ROA$_{i,t}$的标准差。

2.对经济政策不确定性的衡量

对经济政策不确定性的衡量前文已述，经营政策不确定性指数较以往对经济政策不确定性的度量方法最大的优点在于能够量化并具备更好的连续性。经济政策的不确定性相较于某一个不确定的具体政策而言，其内涵较宽泛，包括一切能够对经济产生影响的不确定性，例如历届政府领导人的换届、财政政策的不确定性、货币政策的不确定性以及税收监管政策的不确定性等等。以往文献中，针对经济政策不确定性的考量主要采用事件研究法，这种方法的优点在于能具体考察某项政策所带来的影响，但是缺点在于缺乏连续性，无法从环境政策不确定性的整体视角分析问题，并且不能衡量不确定性的严重程度，由 Baker 团队构建的 EPU 指数很好地克服了量化方面的缺陷，并且形成的月度序列数据解决了缺乏连续性的问题。

同时，该指数的有效性也得到了相应的检验。2016 年 Baker、Bloom 和 Davis 运用了大量证据验证了美国经济政策不确定性指数的有效性，通过对股价波动、投资、雇佣、销售等的影响进行了检验，效果显著；2015 年 Baker 等人对 1995 年 1 月至 2012 年 2 月中国经济政策不确定性指数衡量效果进行检验，发现其测量精确度高达 98.4%。该指数问世后，得到了较为广泛的应用，例如，Gulen 和 Ion（2016）采用该指数研究了对企业投资的影响，饶品贵、李凤羽等利用该指数研究了对中国企业投资、企业高管变更的影响，郝威亚研究了对企业创新的影响等等。另外，本书在图 3-1 中将中国经济政策不确定性指数的时间走势与我国的重要事件进行梳理，发现基本吻合，2008 年年末到 2009 年年初，该指数超过 200，恰逢金融危机席卷全球，我国相应出台了投资金额约 4 万亿元的经济刺激政策；2015 年年末至 2017 年年末该指数均值达到了 350，随后，我国在新发展理念中将绿色发展理念摆在首位，同时，供给侧结构性改革、"三去一降一补"政策等对中国经济产生了很大的影响；2019 年年末至 2020 年，新型冠状病毒席卷全球，这打乱了所有企业的生产运营节奏，中国的相应指标飙升到 900 以上，从这些指标和事件的对照分析可以看出，该指标可以很好地反映中国经济政策的不确定性。

基于以上分析，本书对每年 12 个月的 EPU 取算术平均数，得到 EPU 的年平均值。

3.2.3 模型构建

为了检验经济政策不确定性对企业风险承担水平的影响，同时考虑到当期风险承担水平会受到上一期风险承担水平的影响，本书使用包含企业风险承担滞后项的动态面板数据估计模型，用来检验假设 3-1 与假设 3-2，具体模型如下：

$$RISK_{i,t} = \alpha_0 + \alpha_1 RISK_{i,t-1} + \beta_1 EPU_{t-1} + \beta_2 Control_{i,t} + \lambda_i + \varepsilon_{i,t} \tag{3.4}$$

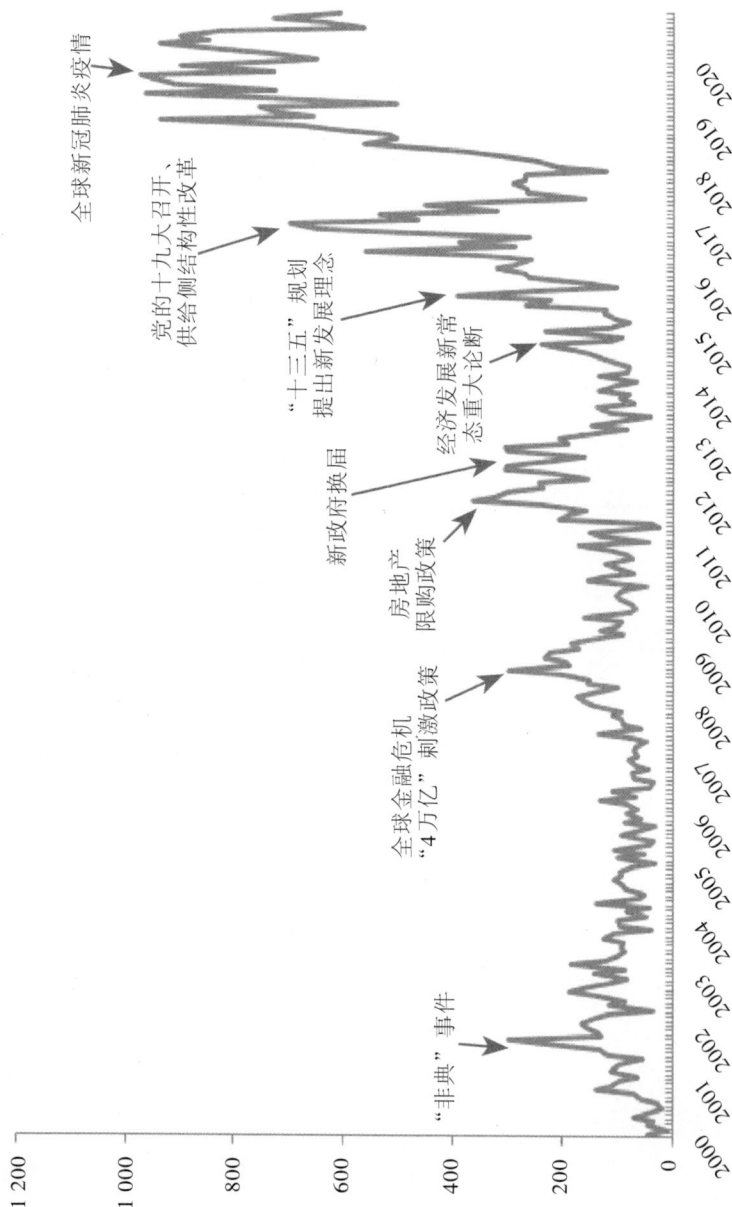

图3-1 EPU时间走势与重要事件

其中，i 表示不同企业，t 表示不同年份，RISK 为企业风险承担水平，采用分行业分年份对公司 ROA 调整后的盈利波动性进行衡量；考虑到经济政策对投资项目的影响并不会在当期立即显现，往往会有一定的滞后期，所以本节采用滞后一期的 EPU 表示经济政策不确定性（Baker 等，2013）。Control 为影响企业风险承担的微观与宏观变量，微观变量主要是企业层面的变量（参考 Jone 等，2008；Faccio 等，2011a、2011b；余文桂等，2013），主要包括杠杆率（Leverage），企业成长性（Growth），企业规模（Size），第一大股东持股比例（First），企业年龄（Age），企业产权性质（State），宏观层面变量主要是工业品出厂价格指数（PPI）。具体含义及度量方法见表 3-1。

表 3-1   研究变量定义与度量方法

变量	含义	度量方法
RISK	企业风险承担	每一观测时段内经行业调整的 ROA 的标准差
EPU	经济政策不确定性	全年 EPU 月度数据的算术平均数
Growth	企业成长性	企业营业收入的年增长率
Leverage	杠杆率	总负债与总资产的比例
Size	企业规模	总资产的自然对数
First	控股股东持股	企业第一大股东年末的持股比例，小于 20% 的均赋值为 0
Age	企业年龄	企业成立年限加 1 后取自然对数
State	所有权性质	若第一大股东所持股份性质为国有，则取值为 1，否则为 0
PPI	生产价格指数	工业品出厂价格指数

模型中被解释变量滞后阶数的选择，主要以保证差分广义矩估计（Generalized method of moments，GMM）下的残差项不存在二阶自相关为标准。为了保证估计结果的一致性，本书对上述模型均采用广义矩估计（GMM），另外，模型（3.4）对季节和行业个体效应 λ_t 进行了控制，系数检验均采用稳健标准误。

3.2.4 描述性统计与相关性分析

1.描述性统计

表3-2分别对主要的宏观层面和企业层面的变量进行了描述性统计。在观测样本中，RISK1（本书采用窗口期3年计算的RISK，）的最大值为0.172，最小值为0.002，平均值为0.035，标准差为0.032，该值与10年前余明桂等以截至2010年的数据样本测算的企业风险承担水平均值0.0279相比，提高了近0.004，说明近年来，上市公司整体的风险承担水平有所提高，但这一平均值与一些发达国家相比，仍然偏低，早在1992—2002年，John等（2008）测算出美国和加拿大公司的企业风险承担平均值早已高达0.09，英国企业的风险承担平均值为0.069，中国香港企业的风险承担平均值则是0.067（John等，2008）。这说明我国企业风险承担水平不足，表现在投资决策中则为那些能带来预期收益的高风险项目以及研发投入明显低于发达国家。根据2017年6月长江商学院发布的2017年第一季度《中国产业经济报告》，绝大多数工业企业（80%）在研发方面没有任何投入，15%的企业在研发方面的开支占其销售额的0.5%，仅有5%的企业研发投入超过销售额的5%，对比美国的高科技企业，其研发支出占销售额的比例（英特尔、微软、Adobe等）基本上在15%左右。

宏观经济政策不确定性指数（EPU）的均值为203.369，最大值为364.833，最小值为82.245，PPI的平均值为100.696，最大值为106.900，最小值为94.600，本书将二者在观测期的数值绘制于同一图形中后，发现EPU较大时PPI较小，EPU较小时PPI较大，这一结果与Baker等（2013）绘制的经济政策不确定性与经济增长之间的关系图吻合。

在控制变量方面，上市公司资产负债率（Leverage）平均值为0.469，这说明公司的平均负债水平为46.9%；第一大股东持股比例（First）处理后的平均值为33.06%，这表明第一大股东持股比例较高，大多数上市公司的股权集中程度较高；控制人身份为国有资本的上市公司约占样本总数的47.8%，变量Growth的平均值为0.214，代表样本企

表 3-2 主要变量的描述性统计特征

A-企业层面变量

变量	观察值	平均值	标准差	中位数	最小值	最大值	p25	p75
RISK1	20806	0.035	0.032	0.024	0.002	0.172	0.013	0.047
Growth	20806	0.214	0.588	0.116	−0.669	6.817	−0.029	0.290
Leverage	20806	0.469	0.230	0.466	0.047	1.233	0.295	0.628
Size	20806	21.788	1.233	21.666	18.963	25.700	20.929	22.505
First	20806	33.055	18.936	33.280	0.000	90.000	23.330	46.090
Age	20806	2.953	0.310	2.996	0.693	4.290	2.833	3.178
State	20806	0.478	0.500	0.000	0.000	1.000	0.000	1.000

B-宏观层面变量

变量	观察值	平均值	标准差	中位数	最小值	最大值	p25	p75
EPU	12	203.369	100.273	179.041	82.245	364.833	123.635	244.398
PPI	12	100.696	4.416	98.600	94.600	106.900	98.100	106.000

业销售收入增长率平均为 21.4%，有着较好的成长性，Age 的平均值为 2.953，这代表公司平均成立年限约为 18 年。

2.相关性分析

表 3-3 为模型（3.4）中所涉及的主要变量 Pearson 相关系数矩阵。矩阵中，本书关注的核心解释变量经济政策不确定性指数 EPU_{t-1} 与企业风险承担水平 RISK1 之间显著负相关，这表明经济政策不确定性升高时，会导致企业下一期风险承担水平降低。另外，企业风险承担水平与宏观控制变量间表现为正相关关系，微观企业层面的控制变量中，除了企业规模、第一大股东的持股比例与风险承担水平间为负相关关系外，其余为正相关关系。

为了更加直观地反映经济政策不确定性与企业风险承担水平之间的关系，本书将核心解释变量 EPU 取对数与 RISK1（企业风险承担水平采用所有样本年度均值表示，为了便于与 LnEPU 比较，RISK1 的图形整体

表 3-3　　　　　　　　　　模型 3.4 主要变量 Pearson 相关系数

Items	RISK1	EPU_{t-1}	First	Size	Leverage	Growth	Age	State	PPI
RISK1	1								
EPU_{t-1}	-0.182***	1							
First	-0.081***	-0.052	1						
Size	-0.262***	0.163***	0.200***	1					
Leverage	0.076***	-0.033***	0.043***	0.402**	1				
Growth	0.044***	0.017**	0.023***	0.048***	0.047***	1			
Age	0.092***	-0.074***	-0.118***	0.076***	0.282***	0.000	1		
State	-0.004	-0.073***	0.184***	0.339***	0.309***	-0.059***	0.269***	1	
PPI	0.075***	0.159***	0.005	-0.043**	0.006	0.083***	0.020***	0.026***	1

注：***、**、*分别表示在 1%，5% 和 10% 水平上显著。

向上平移 2 个单位，并不改变图形本身）的年度值一起置于图 3-2 中，由图可见，2008 年之前经济政策不确定性指数较低，整体风险承担水平较高，而 2008 年后，随着经济政策不确定性的上升，企业风险承担水平值比较低，并且随着近年来 EPU 指数的攀高，RISK1 的值一直保持在一个较低的水平，大体上体现了两者间的负相关关系，实际上两者的关系仍需要后续的实证检验。

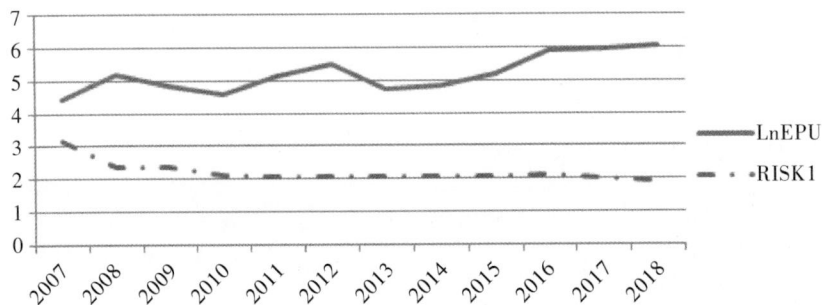

图 3-2　LnEPU 与 RISK1 关系图

本书对模型中所涉及的所有变量进行了 VIF 检验，见表3-4，模型（3.4）的各变量方差膨胀系数均小于2.0，综合系数为1.18，远远小于10，这说明变量间不存在严重的多重共线性问题。

表3-4 模型6.1各变量方差膨胀系数

variable	VIF	1/VIF
EPU_{t-1}	1.11	0.8983
First	1.12	0.8961
Size	1.35	0.7404
Leverage	1.30	0.7683
Growth	1.02	0.9808
Age	1.17	0.8529
State	1.28	0.7796
PPI	1.06	0.9464
Mean VIF	1.18	

3.2.5 实证分析

1.回归结果分析

由于本书使用的是动态面板模型，普通的OLS最小二乘法会导致参数估计有偏差且不一致，故本书采用GMM广义矩估计法来考察经济政策不确定性对企业风险承担的影响。具体本书分全样本、国有组和非国有组分别进行估计，结果见表3-5。差分GMM运用的前提是{ε_{it}}不存在一阶或二阶差分自相关，因此本书就回归结果分别做了扰动项一阶差分与二阶差分的自相关检验，见表3-6，扰动项的一阶差分在1%显著性水平上拒绝了"扰动项的一阶差分不存在自相关"的原假设，但是扰动项的二阶差分在差分GMM下均无法拒绝"扰动项的二阶差分不存在自相关"，故而差分GMM是适用的。表3-6中Sargan一栏显示了工具变量过度识别检验结果，可以看到，差分GMM（1）到（3）列，均无法拒绝"所有工具变量均有效"的原假设，即广义矩估计法的工具变量是有效的。

表3-5　　　　　经济政策不确定性与企业风险承担回归结果

项目	差分 GMM			
	全样本	国有组	非国有组	
	（1）	（2）	（3）	
L1	0.675***	0.633***	0.671***	
	(34.59)	(19.39)	（26.33）	
EPU$_{t-1}$	−0.00005***	−0.00003***	−0.00001***	
	(−22.31)	(−16.43)	（−15.34）	
First	−0.0005***	−0.0001	−0.0001***	
	(−4.65)	(−0.43)	（−7.38）	
Size	−0.0007***	−0.007***	−0.009***	
	(−36.87)	(−25.01)	（−28.11）	
Leverage	0.024***	0.022***	0.027***	EPU$_{t-1}$的组间系
	(17.77)	(10.62)	（14.56）	数差异检验：
Growth	0.002***	0.001	0.003***	Chi2=6.63
	(5.28)	(1.57)	（5.77）	p−value=0.007
Age	0.004***	0.001	0.006***	
	(5.30)	(0.69)	（6.17）	
State	−0.01***			
	(−3.80)			
PPI	0.005***	0.003***	0.007***	
	(11.55)	(4.80)	（11.06）	
Cons	0.129***	0.149***	0.128***	
	(18.00)	(14.29)	（12.38）	
N	20806	9354	11452	
Chi2	2732.68***	5713.04***	1320.51***	

注：括号中为z值，***、**、*分别表示在1%，5%和10%水平上显著。

表3-6　　差分GMM扰动项二阶自相关与工具变量过度识别检验

项目	差分GMM		
	全样本	国有组	非国有组
	（1）	（2）	（3）
AR（1）	−8.892	−6.531	−4.425
	（0.000）	（0.000）	（0.000）
AR（2）	−2.006	−0.738	0.115
	（0.044）	（0.460）	（0.908）
Sargan	29.090	37.656	49.090
	（0.241）	（0.190）	（0.384）

　　注：AR（1）与AR（2）分别表示扰动项一阶差分自相关和二阶差分自相关检验，括号中为p值。

　　表3-5中第（1）列列示了全样本的估计结果，本书的核心解释变量EPU$_{t-1}$的系数为−0.00005，在1%水平上负向显著，这表明经济政策不确定性的增加降低了企业风险承担水平，这一结果与本书的假设3-1结论一致。二者之间呈现出强烈的负向相关关系，这是因为经济政策不确定性的增大使得投资项目未来获得收益的风险增人，削弱了管理层对投资项目未来预期回报准确判断的可能性，导致企业对高风险的项目投资变得谨慎、减弱了投资意向，更多地持观望态度，从而执行看涨期权。

　　表3-5中（2）（3）两列列示了按照产权性质分组后的回归结果，即分别从国有组与非国有组考察了经济政策不确定性对企业风险承担的影响。RISK1方法下EPU$_{t-1}$的两组系数均显著，国有组为−0.00003，非国有组为−0.00001，同时本书进一步做了组间系数差异检验，这一差异在1%的水平上显著（Chi2的值为6.63）。这说明经济政策不确定性对国有企业的风险承担影响程度要远大于非国有企业，这一结果不但与本书假设3-2一致，而且与我国的国情相符，与非国有企业相比，政府对国有企业的干预程度更大。

国家为了维护社会稳定，增加就业机会，保证税收稳定，往往对国有企业干涉力度更大，以达到宏观调控的目的，这使得当政策不确定性增大时，国有企业会更加倾向于等待政策明朗后再决策，进而减少当前风险性较大的投资项目。相反，非国有企业的市场化程度更高，对国家政策的依赖程度相对要小一些，很多决策是建立在市场化运作的基础之上的，因此非国有企业可以将更多的精力安放在企业的生存与发展上，即便经济政策不确定性有所增加，但是企业的产品在市场中有强大的竞争力时，仍然会在研发或者市场开拓方面做出投资决策。此外，从全样本组控制变量来看，在经济政策不确定性一定的情况下，公司规模越大，第一大股东持股比例越高，企业风险承担水平越低，企业选择高风险项目的意愿越低；公司的资产负债率、成长性，以及企业成立年限与企业风险承担水平显著正相关，这意味着当企业承担较大风险进行投资决策时，往往需要足够的资金保证项目的正常运行，相应的融资需求更高，对应着更高的资产负债率，另外企业成长性越好，成立年限越长，自身实力越强，企业也就更有能力去选择那些风险比较大的项目。部分控制变量如企业的成长性、企业成立年限等虽然在全样本以及非国有组中显著，但在国有组中并不显著，说明这些特征对国有企业的风险承担影响有限。

2. 稳健性检验

为了确保上述模型估计结果的有效性，本书还做了以下几项稳健性检验。

（1）内生性问题

动态面板模型本身能够在一定程度上缓解因遗漏变量引起的模型内生性问题，这也是本书考虑采用动态面板模型的主要原因，根据表3-6，扰动项自相关检验和工具变量有效性检验均已通过，这说明GMM方法下的参数估计是有效的，结论也是稳健的。

（2）更换样本

考虑到制造业在我国占有较大比重，故而本书在做稳健性分析时，从初始样本中单独选取制造业样本重新进行检验，结果显示，经济政策不确定性的估计参数在制造业全样本中为-0.00005，国有组与非国有组的系数分别为-0.00006和-0.00004，均在1%的水平下负向显著（见表

3-7），这与本书上述回归结果无实质性差异，说明上述结果是稳健的。

表3-7 稳健性检验的回归结果1

项目	差分GMM		
	制造业全样本	国有组	非国有组
	（1）	（2）	（3）
L1	0.611***	0.598***	0.588***
	（24.31）	（15.08）	（16.71）
EPU_{t-1}	−0.00005***	−0.00006***	−0.00004***
	（−19.54）	（−12.71）	（−14.51）
First	−0.0003***	.0003*	−0.0007***
	（−2.64）	（1.63）	（−4.65）
Size	−0.008***	−0.008***	−0.008***
	（−31.32）	（−23.36）	（−21.06）
Leverage	0.037**	0.040***	0.035***
	（22.15）	（15.03）	（16.08）
Growth	0.002***	0.002**	0.003***
	（4.07）	（2.42）	（3.36）
Age	0.008***	0.012***	0.008***
	（8.73）	（5.96）	（7.05）
State	0.002***	0.006***	0.007***
	（3.93）	（7.13）	（10.11）
PPI	0.007***	0.103***	0.101***
	（12.87）	（7.59）	（8.36）
Cons	0.101***	0.598***	0.588***
	（11.69）	（15.08）	（16.71）
N	11 533	4 372	7 161
Chi2	1 371.68***	4 369.02***	616.77***

注：括号中为z值，***、**、*分别表示在1%，5%和10%水平上显著。

（3）主要变量的其他衡量指标

针对经济不确定性指数的度量，本书借鉴Gulen和Ion（2016）的做法，采用加权平均法计算季度经济政策不确定性指标（EPU_{t-1}）进行计算，回归结果显示，不论是加权平均法还是年度平均法，其结果也未出现实质性的差异，见表3-8。同时，借鉴John（2008）的观点，将风险承担水平改用4年期窗口计算，其结果也未出现明显差异，实证结果见表3-8。

表 3-8　　　　　　　　稳健性检验的回归结果 2

项目	差分 GMM					
	全样本		国有组		非国有组	
	RISK2	EPU$_{t-1}$	RISK2	EPU$_{t-1}$	RISK2	EPU$_{t-1}$
L1.	0.835***	0.683***	0.770***	0.635***	0.825***	0.682***
	(37.80)	(34.86)	(23.70)	(19.53)	(17.85)	(26.62)
EPU$_{t-1}$	−0.00004***		−0.00007***		−0.00004***	
	(−16.66)		(−11.40)		(−4.22)	
EPU$_{t-1}$		−0.00004***		−0.00004***		−0.00003***
		(−20.20)		(−14.17)		(−14.72)
First	−0.0003***	−0.0004***	−0.0001**	−0.0001	−0.0006***	−0.0001***
	(−3.14)	(−4.55)	(−1.17)	(−0.55)	(−6.03)	(−7.37)
Size	−0.0008***	−0.007***	−0.001***	−0.007***	−0.009***	−0.0009***
	(−38.80)	(−37.30)	(−26.75)	(−25.43)	(−29.14)	(−28.29)
Leverage	0.022***	0.025***	0.018***	0.022***	0.025***	0.027***
	(16.19)	(18.02)	(9.10)	(10.73)	(13.75)	(14.79)
Growth	0.003***	0.002***	0.002***	0.001*	0.004***	0.003***
	(7.34)	(5.35)	(2.99)	(1.65)	(7.23)	(5.80)
Age	0.006***	0.004***	0.002*	0.001	0.008***	0.006***
	(7.51)	(5.60)	(1.91)	(0.81)	(7.82)	(6.44)
State	0.001***	0.001***				
	(3.69)	(4.23)				
PPI	0.004***	0.006***	0.002**	0.004***	0.006***	0.008***
	(8.78)	(12.30)	(2.42)	(5.65)	(9.50)	(11.26)
Cons	0.147***	0.122***	0.172***	0.142***	0.143***	0.121***
	(20.48)	(16.60)	(16.53)	(13.47)	(13.66)	(11.26)
N	18 218	18 218	8 190	8 190	10 028	10 028
Chi2	2 707.72***	2 789.41***	5 738.68***	6 194.48***	1 185.21***	1 363.61***

注：括号中为 z 值，***、**、*分别表示在 1%，5% 和 10% 水平上显著。

以上分析均表明，本书的研究结论是比较稳健的。

3.2.6　进一步分析：风险承担对企业价值的影响

为了进一步分析风险承担对企业价值的影响，本书设定以下模型进行检验：

$$VALUE_{it+1} = \beta_0 + \lambda_{it} + \beta_1 RISK_{it} + \beta_2' X_{it} + \varepsilon_{it} \qquad (3.5)$$

本书拟从销售收入增长率和托宾Q值两个方面来衡量企业价值。考虑到企业价值与风险承担水平之间可能存在内生性问题，本书采用滞后一期的做法加以避免。其中，RIST表示企业风险承担水平，仍然采用盈利的波动性来衡量，检验对销售收入增长率时X所包含的控制变量与模型（3.4）相同，检测对托宾Q值的影响时，加入观测时段第一年的托宾Q值，以控制企业期初价值对企业价值的影响。（余明桂等，2013）同时，考虑到还有一些不可观测的因素可能会影响到企业价值，故而本书采用固定效应模型。企业风险承担与公司价值的回归结果见表3-9。

表3-9　　　　　　　**企业风险承担与公司价值的回归结果**

变量	销售收入增长率		托宾Q值	
	（1）	（2）	（3）	（4）
常数项	0.2270*** (25.07)	0.5592*** (4.29)	2.0514*** (97.33)	−508.8*** (−11.22)
RISK	0.5594*** (4.29)	0.3888*** (2.05)	6.5905*** (21.64)	1.987*** (4.68)
TobinQ				0.0184 (1.24)
Leverage		0.2964*** (3.75)		1.2439*** (6.93)
Size		0.2778*** (12.98)		−0.0875*** (−16.22)
First		0.0013 (0.54)		0.0014 (0.57)
Growth				−0.0345 (−0.86)
Age		−0.0971*** (−4.22)		0.3857 (1.56)
State		−0.1209* (−2.07)		0.4268*** (3.2)
Year	Yes	Yes	Yes	Yes
N	18 218	18 218	16 231	16 231
F值	19.55***	36.64***	468.43***	119.81***
R2	0.0578	0.0642	0.1131	0.2597

注：括号中为z值，***、**、*分别表示在1%，5%和10%水平上显著。

如表3-9所示，本书分加控制变量和未加控制变量两种情况进行回归，表3-9中第（1）、（2）列的被解释变量为销售收入增长率，未加任何控制变量时，RISK的系数在1%的水平上显著为正，加入控制变量并控制年度效应后，其系数在10%的水平上显著为正，这说明高风险与高收益关系的确存在，较高的风险承担水平往往会带来较高的销售收入增长率。第（3）、（4）列的被解释变量为托宾Q值，未加任何控制变量时，RISK的系数在1%的水平上显著为正，加入控制变量并控制年度效应后，其系数在1%的水平上仍然显著为正，这说明较高的风险承担水平会给企业带来市场价值的增加。

3.3 本章小结

企业的决策行为离不开对宏观经济形势的预判，经济政策的不确定性直接增加了企业管理层精确预测未来投资回报的难度，使得企业对风险性投资项目的选择变得谨慎，因此，宏观经济政策的不确定性会对微观企业的行为产生重要影响。本章采用Baker团队开发的EPU指数度量经济政策不确定性的程度，以2007—2018年中国A股非金融类上市公司年度数据为样本，利用动态面板模型，考察经济政策不确定性对企业风险承担的影响，发现经济政策不确定性越高，企业风险承担水平越低，并且国有企业表现得更为敏感。以上研究结果表明经济政策的不确定性的确会对企业的微观行为产生重要影响，不确定性的增加会抑制企业风险承担，使得企业对风险性项目的投资意愿减弱，更愿意"等待"和"观望"，直至情况更加明朗，相同的高不确定环境中，国有企业的风险承担水平要比非国有企业下降得更明显。

第4章 经济政策不确定性与企业风险承担的地区效应

我国地域辽阔，在改革发展的历程中，我国实施梯度发展战略，先试验再扩展，这使得各区域之间存在着明显的制度差异。例如，北京、上海、广东的市场化程度要高一些，而像甘肃、青海、贵州这些省份市场化程度则要低一些。这种不同的市场化进程、不同的制度差异很可能使当地企业对经济政策波动的反应以及消化程度产生不同，因此，本章将重点考察不同市场化进程下企业风险承担水平受经济政策不确定性的影响差异。

4.1 研究假设

已有文献中关于市场化进程对企业投资行为的研究较为丰富，但是存在着争议。Pastor 和 Veronesi（2012）认为经济政策的不确定性降低了政府对市场的保护功能，从而导致更大程度的股价波动。这一观点意味着，经济发展越落后、市场化程度越低的地方其得到的政府对市场的保护力度越小，企业的投资决策倾向将更大程度地受到经济政策不确定性的影响。Carrieére-Swallow 和 Céspedes（2013）比较了发达国家和发展中国家的不确定性影响，发现发展中国家在面对经济政策不确定性时会遭受更大的投资与私人消费的下降，并且要想恢复到最初的状态需要较长的时间，Carrieére-Swallow 等认为这是因为金融市场发展落后导致的信贷约束在起作用。换言之，高市场化程度促使政府放松了管制，企业将更多的精力放在经营目标的实现上，使得企业投资行为发生转变，并且较高的市场化程度能够促进各行业提升资本配置效率。戴魁早等（2013）研究发现，市场化进程有效促进了技术进步，进而提高了高技术产业的创新效率。所以，市场化程度高的地区，企业的投资行为受到政策不确定性的影响要小一些。

但是，也有学者持不同的观点，他们认为经济发达、市场化程度较高的地区，拥有更好的经济环境、制度环境以及金融化服务，而这些又与全球贸易、信贷供应以及资本市场紧密相连，因此，这些地区的公司对经济政策的变更表现得更为敏感，决策行为将更多地受到不确定性的影响。Calomiris 等人（2012）发现在金融危机时期，单就金融危机对信贷供给以及资金流动性造成的冲击而言，发达国家受到的影响要远大于新兴经济体。与之对应的事实是受 2008 年、2009 年金融危机影响最小的几个国家均是一些欠发达地区、新兴经济体，而非发达国家。这些国家主要有中国、巴西、罗马尼亚、朝鲜、伊朗、亚美尼亚等等（Yizhong Wang 等，2014）。Wang 等（2014）利用我国上市公司数据得出结论，处于高市场化区域的企业，其投资行为会更大地受到经济政策不确定性的影响。可见，经济政策不确定性对企业风险承担存在何种区域效应尚不明确。

本书认为，总体而言，较高的市场化进程可以促进各要素的有效流动，有助于降低地区间的贸易成本，为企业提高风险承担水平提供了良性环境，当经济政策发生较大波动时，企业会更多地将精力放在防范不确定性带来的潜在损失上，而不是在市场化进程较低的环境中，分出部分精力与低效率的政府机关在规章制度上周旋。樊纲等（2016）提到，在一些市场化程度低的地方，由于政府机关办事效率低、规章制度和手续繁杂、操作不透明，某些政府工作人员滥用职权，向企业和居民寻租乃至敲诈，使得企业管理人员经常花费大量时间、精力、财力与政府部门人员打交道，地方政府的干预带来了企业的低效率。另外，高市场化程度地区还表现出以下特征：第一，较高的金融发展水平。一个地区的金融发展水平会直接影响到企业的融资能力，企业的高风险承担水平往往对应的是那些风险高、资金需求大、回收期长的项目，如果没有相应的资金支持是很难完成的，不确定性的增加很可能会导致企业资金回收困难，能否顺利地融到资金关系到项目的成功与否，所以金融发展水平是影响企业风险承担的重要因素；第二，司法公正与良好的中介组织发育水平。樊纲等（2016）认为，一个地区市场中生产者与消费者的合法权益能够得到有效的保护，是市场正常运行的必要条件。保障企业技术进步与创新的重要条件便是企业的知识产权能够得到有效保护，创新活动往往需要投入大量研发成本，企业需要承担较大的风险，有效的知识产权保护环境为企业创新提供了良好的环境，公正的司法作为有机补充，中介组织的发育水平也是市场化完善程度的重要体现，这些良性制度可以促进企业承担风险，大大降低企业经营的不确定性；第三，人才要素市场流动性强，要素市场中，对企业而言除了土地、资本、劳动之外，还有企业家才能。如今企业间的竞争更多的是人才的竞争，地方经济的发展也在比拼人才，可以说高层次人才的供给决定了一个地区人才流动的灵活性，已有大量文献论证了高水平人才基于自身知识水平、较高的判断力以及敏锐的观察力表现出较高的风险承担倾向，在不确定性增大时，人才的优势可能体现在能从不确定性中看到的机遇而非损失。

基于以上分析，本书提出如下待检验假设：

假设4-1：经济政策不确定性增大时，市场化程度低的地区企业风险承担水平受到的影响更大。

4.2 研究设计

4.2.1 样本选择与数据来源

本书初始样本为2007—2018年在沪深交易所上市的所有A股上市公司。为了保证样本的可比性与实证结果的有效性，作者在此基础上剔除了以下几类公司：（1）金融保险类上市公司。由于这类公司其商业模式有别于非金融类企业，在财务报表上的要求不一样，所以财务报表结构和主要会计项目也异于一般行业。（2）ST类公司。这类企业大多在异常的状态下经营，与一般企业不具有可比性。（3）有缺失值的企业。上市不足3年以及经数据库检索和手工收集仍然存在缺失值的企业，在不损害样本有效性的前提下应予以剔除。（4）考虑到制度环境因素的可比性，本书仅选取了中国除港澳台之外的省、自治区、直辖市作为基本研究单位。本书所使用的数据，除了Baker（2013）构建的经济政策不确定性指数来自"经济政策不确定性"网站（http://www.policyuncertainty.com）外，其余数据均来自CSMAR数据库、WIND数据库以及各省统计年鉴，数据库中有缺失的信息，作者通过手工检索的方式从年报中摘取并补充，最终获得了20806个观测值。最后，本书对所有连续性变量在1%的水平上进行了winsorize处理，以避免极端值造成的异常影响。

4.2.2 模型构建与变量说明

为了考察企业所属地区的市场化进程如何影响宏观经济政策不确定性对微观企业风险承担的效应，同时考虑到当期风险承担水平会受到上一期风险承担水平的影响，本书使用包含企业风险承担滞后项的动态面板数据估计模型，用来检验假设4-1，具体模型如下：

$$RISK_{i,t} = \alpha_0 + \alpha_1 RISK_{i,t-1} + \beta_1 EPU_{t-1} + \beta_2 Ind_{i,t} + \beta_3 Ind_{i,t} \times EPU_{t-1} + \beta_4 Control_{i,t} + \lambda_i + \varepsilon_{i,t} \quad (4.1)$$

其中，i表示不同企业，t表示不同年份，RISK为企业风险承担水平，采用分行业、分年份对公司ROA进行调整后的盈利波动性来衡量，具体算法见第3章中的公式（3.1）、（3.2）和（3.3）；考虑到经济政策对投资项目的影响并不会在当期立即显现，往往会有一定的滞后，所以本节采用滞后一期的EPU表示经济政策不确定性（Baker等，2013）。模型（4.1）中，Ind表示企业所在地区的市场化进程，本书借鉴了王小鲁和樊纲等（2016）编制的中国市场化总指数来对其进行定义。

Control为影响企业风险承担的微观与宏观变量，微观变量主要是企业层面的变量（参考Jone等，2008；Faccio等，2011a、2011b；余文桂等，2013），有杠杆率（Leverage）、企业成长性（Growth）、企业规模（Size）、第一大股东持股比例（First）、企业年龄（Age）、企业产权性质（State），宏观层面变量主要是工业品出厂价格指数（PPI），具体含义及度量方法见表4-1。

表4-1   研究变量定义与度量方法

变量	含义	度量方法
RISK	企业风险承担	每一观测时段内经行业调整的ROA的标准差
EPU	经济政策不确定性	全年EPU月度数据的算术平均数
Ind	市场化进程	王小鲁与樊纲（2016）编制的中国市场化指数
Gov	政府干预程度	企业负责人对政府的评价
Nst	非国有经济发展程度	非国有经济在工业企业主营业务收入中所占的比重
Loc	地方保护程度	企业在销售产品时遇到的地方贸易保护措施的情况
Fin	金融发展水平	金融行业的竞争程度与信贷资金分配的市场化程度
Law	法治化程度	企业对公检法机关执法公正程度及效率的评价
Growth	企业成长性	企业营业收入的年增长率
leverage	杠杆率	总负债与总资产的比例
Size	企业规模	总资产的自然对数
First	控股股东持股	企业第一大股东年末的持股比例，小于20%的均赋值为0
Age	企业年龄	企业成立年限加1后取自然对数
State	所有权性质	若第一大股东所持股份性质为国有，取值为1，否则为0
PPI	生产价格指数	工业品出厂价格指数

模型中被解释变量滞后阶数的选择，主要以保证差分广义矩估计下

的残差项不存在二阶自相关为标准。为了保证估计结果的一致性，本书对上述模型均采用广义矩估计（GMM），另外，模型（4.1）对季节和行业个体效应 λ_i 进行了控制，系数检验均采用稳健标准误。

为了更细致地研究不同市场化进程的地区中，哪些制度因素会加剧或者缓和经济政策不确定性对企业风险承担的影响，本书参考王小鲁和樊纲等（2016）的研究，进一步将市场化进程因素划分为五个方面：政府干预程度（Gov）、非国有经济发展程度（Nst）、地方保护程度（Loc）、金融发展水平（Fin）和法治化程度（Law）。

政府干预程度（Gov），主要反映三个方面的内容：市场分配经济资源的比重、政府对企业的干预程度和政府规模的大小，该指标越大，表示该省市地区政府对市场的干预程度越低。

非国有经济发展程度（Nst），主要由当地非国有经济在工业企业主营业务收入中所占的比重来表示，该指标越大，表示该地区市场导向的非国有经济部门发展的速度越快。

地方保护程度（Loc），采用该地区企业在销售产品时遇到的地方贸易保护措施的情况来反映，该指标越大，表示市场准入限制越小，地方保护越小。

金融发展水平（Fin），主要反映两方面的内容：金融行业的竞争程度与信贷资金分配的市场化程度，前者采用非国有金融机构资产占全部金融机构存款的份额来衡量，后者利用信贷资金贷给非国有企业的比例来反映，该指标越大，说明该地区金融化市场的发展水平越高。

法治化程度（Law），主要反映当地司法机构对生产者权益、消费者权益和知识产权的保护程度，依据的是企业调查数据中企业对公检法机关执法公正及效率的评价，该指标越大，表示当地的法治化程度越高。

相应的具体模型如下：

$$RISK_{i,t} = \alpha_0 + \alpha_1 RISK_{i,t-1} + \beta_1 EPU_{t-1} + \beta_2 Gov_{i,t} + \beta_3 Gov_{i,t} \times EPU_{t-1} + \beta_4 Control_{i,t} + \lambda_i + \varepsilon_{i,t}$$

$$(4.2)$$

$$RISK_{i,t} = \alpha_0 + \alpha_1 RISK_{i,t-1} + \beta_1 EPU_{t-1} + \beta_2 Nst_{i,t} + \beta_3 Nst_{i,t} \times EPU_{t-1} + \beta_4 Control_{i,t} + \lambda_i + \varepsilon_{i,t}$$

$$(4.3)$$

$$RISK_{i,t} = \alpha_0 + \alpha_1 RISK_{i,t-1} + \beta_1 EPU_{t-1} + \beta_2 Loc_{i,t} + \beta_3 Loc_{i,t} \times EPU_{t-1} + \beta_4 Control_{i,t} + \lambda_i + \varepsilon_{i,t}$$

$$(4.4)$$

$$RISK_{i,t} = \alpha_0 + \alpha_1 RISK_{i,t-1} + \beta_1 EPU_{t-1} + \beta_2 Fin_{i,t} + \beta_3 Fin_{i,t} \times EPU_{t-1} + \beta_4 Control_{i,t} + \lambda_i + \varepsilon_{i,t}$$

$$(4.5)$$

$$RISK_{i,t} = \alpha_0 + \alpha_1 RISK_{i,t-1} + \beta_1 EPU_{t-1} + \beta_2 Law_{i,t} + \beta_3 Law_{i,t} \times EPU_{t-1} + \beta_4 Control_{i,t} + \lambda_i + \varepsilon_{i,t}$$

$$(4.6)$$

4.2.3 描述性统计与相关性分析

1.描述性统计

表 4-2 分别对主要的宏观层面和企业层面的变量进行了描述性统计。

表4-2　　　　　　　　主要变量的描述性统计特征

A-企业层面变量							
变量	观察值	平均值	标准差	中位数	最小值	最大值	p25	p75
RISK1	20806	0.035	0.032	0.024	0.002	0.172	0.013	0.047
Ind	20806	7.595	1.785	7.830	−0.700	9.970	6.340	9.260
Gov	20806	7.080	1.527	7.445	−6.750	9.650	6.250	8.170
Nst	20806	8.125	1.983	8.530	0.940	10.830	6.960	9.750
Loc	20806	8.170	1.250	8.260	1.460	9.790	7.720	9.135
Fin	20806	6.297	2.422	5.840	−1.210	12.230	4.630	7.360
Law	20806	8.362	4.519	7.540	−0.700	16.940	4.230	12.30
Growth	20806	0.214	0.588	0.116	−0.669	6.817	−0.029	0.290
Leverage	20806	0.469	0.230	0.466	0.047	1.233	0.295	0.628
Size	20806	21.788	1.233	21.666	18.963	25.700	20.929	22.505
First	20806	33.055	18.936	33.280	0.000	90.000	23.330	46.090
Age	20806	2.953	0.310	2.996	0.693	4.290	2.833	3.178
State	20806	0.478	0.500	0.000	0.000	1.000	0.000	1.000
B-宏观层面变量							
变量	观察值	平均值	标准差	中位数	最小值	最大值	p25	p75
EPU	12	203.369	100.273	179.041	82.245	364.833	123.635	244.398
PPI	12	100.696	4.416	98.600	94.600	106.900	98.100	106.000

在观测样本中，RISK1的最大值为0.172，最小值为0.002，平均值为0.035，标准差0.032。宏观经济政策不确定性指数（EPU）的均值为203.369，最大值为364.833，最小值82.245，PPI的平均值为100.696，最大值为106.900，最小值为94.600，本书将二者在观测期的数值绘制于同一图形中后，发现EPU较大时PPI较小，EPU较小时PPI较大，这一结果与Baker等（2013）绘制的经济政策不确定性与经济增长之间的关系图吻合。

在控制变量方面，上市公司资产负债率平均值为0.469，这说明公司的平均负债水平为46.9%；第一大股东持股比例处理后的平均值为33.06%，这表明第一大股东持股比例较高，大多数上市公司的股权集中度较高；控制人身份为国有资本的上市公司约占样本总数的47.8%，变量Growth的平均值为0.214，代表样本企业销售收入增长率平均为21.4%，有着较好的成长性，Age的平均值为2.953，这代表公司平均成立年限约为18年。本章当中调节变量市场化进程（Ind）的平均值为7.595，标准差为1.785，最大值9.970，而最小值仅有-0.700，这说明我国各省市之间的市场化进程差异比较大。市场化进程的5个具体方面，政府干预程度（Gov）的平均值为7.080，最大值与最小值分别是9.650和-6.750；非国有经济的发展程度（Nst）的平均值为8.125，最大值与最小值分别是10.830和0.940；地方保护程度（Loc）的平均值为8.170，最大值与最小值分别为9.790和1.460；金融发展水平（Fin）的平均值为6.297，最大值和最小值分别为12.230和-1.210；法治化程度（Law）的平均值为8.362，最大值与最小值分别是16.940和-0.700。这些都反映出我国各地区的制度化环境差异比较大，这对作者分区域做研究很有意义。

在对2016年市场化进程指标的统计中可以发现，市场化程度最高的前五个省（自治区、直辖市）为浙江、上海、广东、天津和江苏，最后的五个省（自治区、直辖市）为云南、甘肃、新疆、青海和西藏；政府干预程度最低的五个省（自治区、直辖市）为天津、上海、广东、江苏和浙江，最高的五个省（自治区、直辖市）为内蒙古、宁夏、新疆、青海和西藏；非国有经济的发展程度最高的五个省（自治区、直辖市）为江苏、广东、浙江、福建和河南，最低的五个省（自治区、直辖市）为云南、青海、新疆、甘肃和西藏；地方保护程度最低的五个省（自治区、直辖市）为福建、广东、山东、广西和江西，最高的五个省（自治区、直辖市）为云南、河北、西藏、北京和青海；金融发展水平最高的五个省（自治区、直辖市）为北京、上海、天津、福建和湖北，最低的五个省（自治区、直辖市）为内蒙古、宁夏、海南、贵州和西藏；法治化程度最高的五个省（自治区、直辖市）为浙江、北京、广东、上海和江苏，最低的五个省（自治区、直辖市）为贵州、内蒙古、青海、云南和西藏。整体来看市场化程度较高的地方仍然是东部沿海地区，西部地区相对于各项指标要低一些。

2.相关性分析

表4-3为以上模型中所涉及主要变量的 Pearson 相关系数矩阵。矩阵中，本书关注的核心解释变量经济政策不确定性指数 EPU_{t-1} 与企业风险承担水平 RISK1 之间显著负相关，这表明，经济政策不确定性升高时，会导致企业下一期风险承担水平降低，市场化进程 MP 与企业风险承担水平 RISK1 之间为明显的负相关关系，市场化进程的五个分类指标与企业风险承担水平之间的关系有止有负。另外，企业风险承担水平与宏观控制变量间表现为正相关关系，微观企业层面的控制变量中，除了企业规模、第一大股东的持股比例与风险承担水平间为负相关关系外，其余为正相关关系。

本书对模型中所涉及的变量均进行了 VIF 检验，见表4-4，模型（4.1）的各变量方差膨胀系数均小于5.0，综合系数为2.47，远远小于10，这说明变量间不存在严重的多重共线性问题。

表 4-3　主要变量的 Pearson 相关分析

Items	RISK1	EPU_{t-1}	MP	Gov	Nst	Pro	Fin	Law	First	Size	Leverage	Growth	Age	PPI
RISK1	1													
EPU_{t-1}	-0.182***	1												
MP	-0.116***	0.079***	1											
Gov	0.012*	-0.148***	0.709***	1										
Nst	-0.117***	0.090***	0.802***	0.627***	1									
Pro	-0.016*	-0.007	0.247***	0.449***	0.547***	1								
Fin	-0.102***	0.119***	0.693***	0.279***	0.299***	-0.261***	1							
Law	-0.123***	0.102***	0.920***	0.505***	0.625***	-0.003	0.644***	1						
First	-0.081***	-0.052***	0.021***	0.029***	-0.027*	-0.057***	0.036***	0.033***	1					
Size	-0.262***	0.163***	0.034***	-0.067***	-0.003	-0.091***	0.142***	0.037***	0.200***	1				
Leverage	0.076***	-0.033***	-0.144***	-0.064***	-0.130***	-0.042***	-0.087***	-0.145***	0.043***	0.402***	1			
Growth	0.044***	0.017	-0.016	-0.012*	-0.024*	-0.022*	-0.009	-0.009	0.023*	0.048***	0.047***	1		
Age	0.092***	-0.074***	-0.113***	-0.002	-0.126***	0.008	-0.066***	-0.133***	-0.118***	0.076***	0.282***	0.000	1	
PPI	0.075***	0.159***	-0.229***	0.123***	-0.207***	-0.012*	-0.291***	-0.247***	0.005	-0.043***	0.006	0.083***	0.020***	1

表4-4　　　　　　　　模型4.1各变量方差膨胀系数

variable	VIF	1/VIF
EPU_{t-1}	4.62	0.1779
MP	1.27	0.7849
First	1.16	0.8611
State	1.42	0.7039
Size	1.55	0.6464
Leverage	1.47	0.6804
Growth	1.03	0.9671
Age	1.26	0.7956
PPI	3.22	0.3106
Mean VIF	2.47	

4.2.4　实证分析

1.回归结果分析

模型4.1的回归结果见表4-5，本书采用动态面板模型，为了满足差分GMM估计法的应用前提，对模型扰动项的二阶差分自相关做检验，结果见表4-6，均通过检验。另外，工具变量的过度识别检验结果表明模型中使用的工具变量均有效。在全样本中，本书区分市场化程度高与低两个组分别进行回归，市场化程度高的地区EPU_{t-1}的系数为-0.00001，市场化程度低的地区EPU_{t-1}的系数为-0.00002，均在1%的显著性水平下为负，经过组间系数差异检验，Chi2的值为3.32，在5%的水平下显著。以上结果表明，市场化程度高的地区，经济政策不确定性对企业风险承担水平的影响要小一些，换言之，当经济政策不确定性较高时，市场化程度高的地区的公司风险承担水平比市场化程度低的地区的公司受到的影响要小一些，说明市场化程度高的地区对经济政策不确定的消化速度要更快一些。由此可见，市场化程度越低、经济越不发达的地区的企业风险承担水平受经济政策不确定性的影响越大，市场化程度能促进企业风险承担水平的提高。

表 4-5 市场化进程分组回归

项目	Panel A 差分 GMM					
	全样本		国有组		非国有组	
	(1)	(2)	(3)	(4)	(5)	(6)
	高	低	高	低	高	低
L.	0.623***	0.712***	0.562***	0.711***	0.594***	0.688***
	(35.24)	(30.10)	(10.86)	(13.42)	(16.06)	(14.52)
EPU_{t-1}	−0.00001***	−0.00002***	−0.00003***	−0.00005***	−0.00003***	−0.00004***
	(−13.03)	(−2.40)	(−4.87)	(−6.31)	(−5.54)	(−5.33)
First	−0.0005***	−0.0002*	−0.0002	−0.0001	−0.0001***	−0.0009**
	(−2.79)	(−0.98)	(−0.62)	(−0.50)	(−3.29)	(−2.48)
Size	−0.006***	−0.009***	−0.005***	−0.007***	−0.007***	−0.011***
	(−15.26)	(−16.03)	(−6.88)	(−10.25)	(−8.69)	(−14.35)
Leverage	0.017***	0.033***	0.009*	0.029***	0.015***	0.036***
	(6.63)	(9.46)	(1.81)	(6.10)	(3.42)	(7.80)
Growth	0.002***	0.003***	0.0007	0.001	0.005***	0.004***
	(3.93)	(3.86)	(0.67)	(2.12)	(5.02)	(4.74)
Age	0.003*	0.006***	−0.0004	0.003	0.003*	0.009***
	(1.94)	(2.71)	(−0.16)	(0.84)	(1.81)	(2.98)
State	−0.001*	−0.001				
	(−1.88)	(−0.89)				
PPI	0.0008***	0.0003***	0.0001	0.0002**	0.0009***	0.0004***
	(11.58)	(4.17)	(1.00)	(2.15)	(7.32)	(3.68)
Cons	0.086***	0.177***	0.135***	0.168***	0.081***	0.207***
	(6.57)	(10.23)	(5.23)	(7.01)	(3.54)	(8.27)
N	12 800	8 006	3 776	4 495	7 910	4 625
Chi2	1 979.02***	1 868.51***	714.68***	6 224.92***	484.81***	6 278.78***
Panel B 组间系数差异检验						
EPU_{t-1} 系数差异	全样本		国有组		非国有组	
Chi2	3.32**		3.39		3.49	
p-value	0.068		0.066		0.067	

注：括号中为 z 值，***、**、*分别表示在 1%、5% 和 10% 水平上显著。

表4-6　　差分GMM扰动项二阶自相关与工具变量过度识别检验

项目	差分GMM					
	全样本		国有组		非国有组	
	（1）	（2）	（3）	（4）	（5）	（6）
AR（1）	−7.877	−8.892	−6.928	−6.531	−4.425	−5.124
	(0.000)	(0.000)	(0.000)	(0.000)	(0.000)	(0.000)
AR（2）	−0.02878	−2.006	0.575	−0.738	0.115	−1.486
	(0.977)	(0.044)	(0.564)	(0.460)	(0.908)	(0.137)
Sargan	27.877	29.090	34.657	37.656	49.090	48.211
	(0.255)	(0.241)	(0.154)	(0.190)	(0.384)	(0.326)

注：AR（1）与AR（2）分别表示扰动项一阶差分自相关和二阶差分自相关检验，括号中为p值。

进一步，本书在国有组与非国有组继续区分市场化程度高与低分别进行回归分析，发现以上结果同样存在，市场化程度高的组EPU$_{t-1}$的系数要比市场化程度低的组更小一些，组间系数差异检验表明高低两组的系数差异是存在的，也就是说，不论是国有企业还是非国有企业，在市场化进程更快的地区，企业风险承担水平受经济政策不确定性的影响要比市场化程度低的地区小一些，市场化进程进一步拉大了国有企业与非国有企业之间风险承担的水平。

市场化程度低的地区经济发展水平、制度环境以及金融市场发展比市场化程度高的地区弱，使得投资的决策调整与投资水平的恢复均变得缓慢。相比较而言，市场化程度高的地区，金融市场比较发达，在经济政策不确定性增高的时期，金融交易的摩擦虽然很大但会在短期内被消化。这样，企业为避免投资受损所做出的决策调整能够迅速弥补前期的政策不确定性带来的隐性损失。因此，经济政策不确定性对市场化程度低的地区的影响变得相对更深远、程度更大。

在控制变量中，值得关注的是，First、Growth和Age的系数在国有企业均不显著，但是在全样本以及非国有企业中显著为负或为正，这便很好地解释了国有企业对风险性项目的投资在很大程度上取决于管理层的意图而不是企业本身的特征。地方官员以及国有企业的管理者的主要目的仍然是实现政治职位上的稳定升迁，并不会贸然选择高风险的投资项目，即便市场化进程比较快，官员们为了在相应的经济指标考核中胜出，也不会放弃对国有企业投资决策的干预，政治上的晋升仍然是其主要目标。另外，Leverage 的系数在所有的回归结果中均与企业风险承担正向显著相关，这表明企业的风险承担水平与企业的资产负债率之间是显著为正的关系。从现实的角度看，较高风险的投资项目往往伴随有投资周期长、投入资金大、回收难度高的特点，因此为了保证投资项目的正常进行和运转，往往需要企业进行大量的融资，这也不难解释企业较高的资产负债率的存在。所以，著名学者 Faccio 等（2011）直接采用了企业资产负债率作为企业风险承担水平的代理变量。

为了进一步检验市场化进程中五个制度因素对企业风险承担的具体影响，表4-7至表4-11分别列示了政府干预程度（Gov）、非国有经济发展程度（Nst）、地方保护程度（Loc）、金融发展水平（Fin）以及法治化程度（Law）分组后的回归结果。为了满足差分 GMM 估计法的应用前提，对模型扰动项的二阶差分自相关和工具变量的过度识别均做了检验，结果都通过了检验，为了简化，此处略去了检验结果。

表4-7表明，在全样本中，政府干预程度高的地区，EPU_{t-1} 的系数为-0.00005，政府干预程度低的地区，EPU_{t-1} 的系数为-0.00002，均在1%的显著性水平下为负，并且两组系数差异检验 Chi2 的值为6.90，在5%的水平下显著，说明高组和低组的系数差异是存在的，这表明经济政策不确定性对企业风险承担的影响程度在政府干预程度高的地区更大一些；进一步区分国有组与非国有组分别检验，也得到了相同的结果，国有组 EPU_{t-1} 的系数在政府干预程度低的组为-0.00003，高的组为-0.00007，非国有组 EPU_{t-1} 的系数在政府干预程度低的组为-0.00002，高的组为-0.00004，组间系数差异均在统计上显著，也就是说，不论是国有企业还是非国有企业，政府的干预力度越大，经济政策不确定性对企业风险承担带来的影响更大一些。相反，政府干预程度低，企业的管理活动受到的制约越小，可以花更多的时间来减少经济政策不确定性带来的损失与摩擦，对企业风险承担是正向促进作用。

表4-7　　　　　　　　　　　政府干预程度分组回归

项目	Panel A　差分GMM					
	全样本		国有组		非国有组	
	（1）	（2）	（3）	（4）	（5）	（6）
	高	低	高	低	高	低
L.	0.690***	0.614***	0.613***	0.572***	0.651***	0.578***
	（20.52）	（17.35）	（11.94）	（10.63）	（15.22）	（13.17）
EPU_{t-1}	−0.00005***	−0.00002***	−0.00007***	−0.00003***	−0.00004***	−0.00002***
	（−10.92）	（−6.18）	（−8.56）	（−4.80）	（−7.10）	（−4.20）
First	−0.0006**	−0.0004*	−0.0005	−0.0002	−0.0009***	−0.0010***
	（−2.27）	（−1.74）	（−1.04）	（−0.78）	（−2.73）	（−3.52）
Size	−0.007***	−0.008***	−0.005***	−0.007***	−0.008***	−0.010***
	（−10.88）	（−15.71）	（−6.58）	（−10.70）	（−9.88）	（−13.56）
Leverage	0.017***	0.030***	0.012**	0.029***	0.021***	0.032***
	（4.65）	（9.08）	（2.17）	（6.24）	（4.41）	（7.23）
Growth	0.003***	0.003***	0.007	0.001	0.004***	0.005***
	（4.02）	（4.54）	（0.60）	（1.16）	（4.52）	（5.34）
Age	0.006***	0.001	−0.001	0.0002	0.008***	0.003***
	（2.81）	（0.90）	（−0.38）	（0.08）	（3.63）	（1.35）
State	0.002*	0.001				
	（1.6）	（1.53）				
PPI	0.0005***	0.0004***	0.0001*	0.0002***	0.0007***	0.0007***
	（6.42）	（4.93）	（1.81）	（2.71）	（6.63）	（5.11）
Cons	0.117***	0.161***	0.158***	0.172***	0.115***	0.163***
	（6.89）	（9.37）	（6.29）	（7.24）	（4.91）	（6.55）
N	9 305	11 501	3 239	5 032	3 816	8 719
Chi2	785.83***	8 939.92***	1 345.31***	3 760.79***	447.17***	5 566.80***
Panel B　组间系数差异检验						
EPU_{t-1}系数差异全样本			国有组		非国有组	
Chi2	6.90**		4.59		4.47	
p-value	0.009		0.000		0.000	

注：括号中为z值，***、**、*分别表示在1%、5%和10%水平上显著。

表4-8 非国有经济发展程度分组回归

项目	Panel A 差分 GMM					
	全样本		国有组		非国有组	
	（1）	（2）	（3）	（4）	（5）	（6）
	高	低	高	低	高	低
L.	0.626***	0.702***	0.660***	0.650***	0.584***	0.689***
	（17.96）	（21.03）	（10.82）	（14.03）	（14.46）	（13.49）
EPU_{t-1}	−0.00002***	−0.00005***	−0.00003***	−0.00005***	−0.00002***	−0.00005***
	（−6.60）	（−9.05）	（−4.10）	（−6.34）	（−4.84）	（−6.38）
First	−0.0006**	−0.0004	−0.0004	−0.0002	−0.0008***	−0.0001***
	（−2.49）	（−1.51）	（−1.00）	（−0.54）	（−2.83）	（−3.26）
Size	−0.007***	−0.008***	−0.006***	−0.007***	−0.008***	−0.010***
	（−12.59）	（−14.16）	（−7.85）	（−10.24）	（−10.66）	（−11.44）
Leverage	0.019***	0.028***	0.016***	0.025***	0.021***	0.032***
	（5.79）	（7.67）	（3.20）	（5.21）	（5.11）	（6.08）
Growth	0.003***	0.002***	0.001	0.001	0.005***	0.004***
	（4.61）	（3.56）	（0.06）	（1.25）	（5.25）	（4.34）
Age	0.004**	0.002	−0.0001	0.0008	0.005***	0.004
	（2.38）	（0.84）	（−0.05）	（0.25）	（2.80）	（1.35）
State	0.002**	−0.0002				
	（2.23）	（−0.23）				
PPI	0.0004***	0.0003***	0.0001	0.0001*	0.0007***	0.0005***
	（5.47）	（4.21）	（0.76）	（1.66）	（6.06）	（4.31）
Cons	0.122***	0.172***	0.154***	0.171***	0.115***	0.194***
	（7.57）	（9.74）	（6.12）	（7.48）	（5.31）	（6.93）
N	11 605	9 201	3 546	4 725	5 158	7 377
Chi2	536.89***	8 823.56***	2 436.91***	3 911.66***	428.55***	5 007.41***
	Panel B 组间系数差异检验					
EPU_{t-1}系数差异全样本			国有组		非国有组	
Chi2	8.24***		7.83*		7.66*	
p-value	0.004		0.005		0.004	

注：括号中为z值，***、**、*分别表示在1%、5%和10%水平上显著。

表4-9　　　　　　　　　　　　　地方保护程度分组回归

项目	Panel A　差分 GMM					
	全样本		国有组		非国有组	
	(1)	(2)	(3)	(4)	(5)	(6)
	低	高	低	高	低	高
L.	0.679***	0.667***	0.736***	0.603***	0.638***	0.653***
	(19.83)	(21.81)	(13.09)	(13.44)	(15.30)	(14.79)
EPU_{t-1}	−0.00003***	−0.00004***	−0.00004***	−0.00004***	−0.00002***	−0.00002***
	(−2.46)	(−7.71)	(−5.71)	(−5.52)	(−4.55)	(−5.76)
First	−0.007**	−0.0004*	−0.0006	−0.0002	−0.0008***	−0.0001***
	(−12.76)	(−1.68)	(−1.24)	(−0.95)	(−2.74)	(−3.67)
Size	−0.007***	−0.008***	−0.006***	−0.007***	−0.009***	−0.010***
	(−12.76)	(−14.05)	(−7.61)	(−10.59)	(−11.15)	(−11.60)
Leverage	0.024***	0.024***	0.020***	0.023***	0.027***	0.026***
	(6.72)	(6.98)	(3.60)	(4.91)	(6.02)	(5.48)
Growth	0.003***	0.002***	0.001	0.001	0.005***	0.004***
	(4.55)	(3.80)	(0.56)	(1.05)	(5.27)	(4.45)
Age	0.004**	0.002	0.0001	0.0002	0.006***	0.005**
	(2.38)	(1.36)	(0.04)	(0.06)	(2.72)	(2.06)
State	0.002	0.002*				
	(1.17)	(1.82)				
PPI	0.0005***	0.0004***	0.0002**	0.0001*	0.0007***	0.0007***
	(6.25)	(5.52)	(2.26)	(1.64)	(6.14)	(5.91)
Cons	0.126***	0.149***	0.140***	0.171***	0.128***	0.152***
	(7.29)	(9.05)	(5.19)	(7.67)	(5.59)	(6.06)
N	10 388	10 418	3 379	4 892	4 451	8 084
Chi2	630.35***	9 574.05***	2 657.12***	3 338.35***	394.31***	5 989.70***
	Panel B　组间系数差异检验					
EPU_{t-1}系数差异全样本			国有组		非国有组	
Chi2	0.22		0.11		0.12	
p-value	0.642		0.743		0.755	

注：括号中为 z 值，***、**、*分别表示在1%、5%和10%水平上显著。

表 4-10　　　　　　　　　　　金融发展水平分组回归

项目	Panel A　差分 GMM					
	全样本		国有组		非国有组	
	(1)	(2)	(3)	(4)	(5)	(6)
	高	低	高	低	高	低
L.	0.579***	0.758***	0.544***	0.735***	0.516***	0.745***
	(13.08)	(20.99)	(7.23)	(14.28)	(9.68)	(14.48)
EPU_{t-1}	-0.00003***	-0.00005***	-0.00003***	-0.00006***	-0.00003***	-0.00005***
	(-6.89)	(-8.66)	(-4.70)	(-6.31)	(-5.88)	(-5.35)
First	-0.0005**	-0.0004*	-0.0006	-0.0008	-0.0001***	-0.0009***
	(-2.34)	(-1.75)	(-0.11)	(-0.22)	(-3.42)	(-2.58)
Size	-0.005***	-0.009***	-0.005***	-0.008***	-0.007***	-0.011***
	(-10.89)	(-16.77)	(-6.85)	(-10.94)	(-9.57)	(-13.94)
Leverage	0.015***	0.029***	0.012***	0.028***	0.019***	0.030***
	(4.81)	(8.59)	(2.58)	(5.80)	(4.56)	(6.60)
Growth	0.004***	0.002***	0.001	0.008	0.005***	0.004***
	(4.91)	(3.65)	(1.29)	(0.69)	(5.28)	(4.44)
Age	0.001	0.008***	-0.0001	0.003	0.002	0.010***
	(0.59)	(3.47)	(-0.04)	(0.92)	(1.00)	(3.75)
State	0.002**	0.001				
	(2.17)	(1.06)				
PPI	0.0008***	0.0001**	0.0004**	-0.0001	0.001***	0.0003***
	(6.40)	(2.06)	(2.93)	(-0.39)	(6.51)	(3.58)
Cons	0.072***	0.200***	0.096***	0.209***	0.046***	0.202***
	(3.95)	(11.85)	(3.74)	(8.74)	(1.75)	(8.37)
N	11 053	9 753	3 986	4 285	4 420	8 115
Chi2	233.21***	849.63***	1 202.10***	5 218.95***	119.82***	486.39***
Panel B　组间系数差异检验						
EPU_{t-1}系数差异	全样本		国有组		非国有组	
Chi2	6.67***		7.05*		7.43*	
p-value	0.010		0.008		0.006	

注：括号中为 z 值，***、**、* 分别表示在 1%、5% 和 10% 水平上显著。

表4-11　　　　　　　　　　　法治化程度分组回归

项目	Panel A　差分GMM					
	全样本		国有组		非国有组	
	(1)	(2)	(3)	(4)	(5)	(6)
	高	低	高	低	高	低
L.	0.603***	0.697***	0.550***	0.674***	0.555***	0.681***
	(18.52)	(21.36)	(7.23)	(13.98)	(14.12)	(15.06)
EPU_{t-1}	−0.00002***	−0.00004***	−0.00003***	−0.00004***	−0.00002***	−0.00004***
	(−5.93)	(−9.05)	(−4.27)	(−6.59)	(−4.63)	(−5.85)
First	−0.0005**	−0.0003	−0.0006	−0.0008	−0.0001***	−0.0001***
	(−2.18)	(−1.49)	(−0.11)	(−0.22)	(−3.09)	(−2.66)
Size	−0.005***	−0.009***	−0.004***	−0.008***	−0.006***	−0.011***
	(−8.88)	(−17.57)	(−5.76)	(−11.33)	(−7.53)	(−15.27)
Leverage	0.008**	0.032***	0.003	0.030***	0.012***	0.033***
	(2.50)	(9.87)	(0.78)	(6.54)	(2.80)	(7.85)
Growth	0.004***	0.002***	0.001	0.001	0.005***	0.004***
	(4.98)	(3.73)	(1.15)	(0.85)	(5.14)	(4.62)
Age	0.002	0.006***	0.0007	0.002	0.003*	0.008***
	(1.31)	(2.62)	(0.26)	(0.55)	(1.59)	(2.99)
State	0.002*	0.001				
	(1.85)	(0.90)				
PPI	0.0004***	0.0004***	0.0004	−0.0002	0.001***	0.0005***
	(4.11)	(5.71)	(0.47)	(−2.98)	(5.78)	(4.85)
Cons	0.091***	0.175***	0.133***	0.172***	0.072***	0.197***
	(5.27)	(10.86)	(4.94)	(7.70)	(3.12)	(8.43)
N	10 034	10 772	3 306	4 965	4 265	8 270
Chi2	606.61***	3 008.93***	879.87***	5 379.93***	407.10***	7 385.99***
	Panel B　组间系数差异检验					
EPU_{t-1}系数差异	全样本		国有组		非国有组	
Chi2	4.01**		3.97**		4.54**	
p-value	0.045		0.046		0.041	

注：括号中为z值，***、**、*分别表示在1%、5%和10%水平上显著。

根据表4-8的回归结果，在全样本中，非国有经济发展程度高的地区，EPU_{t-1}的系数为−0.00002，非国有经济发展程度低的地区，EPU_{t-1}的系数为−0.00005，均在1%的显著性水平下为负，并且两组系数差异检验

Chi2的值为8.24，在1%的水平下显著，说明高组和低组的系数差异是存在的，这表明经济政策不确定性对企业风险承担水平的影响程度在非国有经济发展程度高的地区更小一些；进一步区分国有组与非国有组分别检验，也得到了相同的结果，国有组EPU$_{t-1}$的系数在非国有经济发展程度高的组为-0.00003，低的组为-0.00005，非国有组EPU$_{t-1}$的系数在非国有经济发展程度高的组为-0.00002，低的组为-0.00005，组间系数差异均在统计上显著，也就是说，不论是国有企业还是非国有企业，非国有经济发展程度高的地区，经济政策不确定性对企业风险承担带来的影响更小一些，相反，非国有经济发展程度低，企业所有权过于集中，企业的管理活动会大大受到限制，当经济政策不确定性高时，企业很难自由、灵活地进行决策调整，这也加剧了经济政策不确定性给企业带来的损失难以快速地被弥补。

根据地方保护程度分组回归的结果见表4-9，在全样本中，地方保护程度低的地区，EPU$_{t-1}$的系数为-0.00003，地方保护程度高的地区，EPU$_{t-1}$的系数为-0.00004，均在1%的显著性水平下为负，但是两组系数差异检验Chi2的值为0.22，统计上不显著，我们不能直接推断地方保护程度低的地区受到的影响更大，但是两组中EPU$_{t-1}$的系数均显著为负，表明经济政策不确定性越高，企业风险承担水平越低；进一步区分国有组与非国有组分别检验，发现国有组EPU$_{t-1}$的系数在地方保护程度高的组和低的组均为-0.00004，非国有组EPU$_{t-1}$的系数在地方保护程度高的组和低的组均为-0.00002，均在1%的显著性水平下为负，组间系数差异检验均在统计上不显著，也就是说，不论是国有企业还是非国有企业，都存在经济政策不确定性对企业风险承担的负向影响，但不存在地方保护程度上的差异，这与本书的假设4不相符，可能的解释是较高的地方保护程度往往伴随一些保护性措施，例如对外国产品禁止入境、实行许可证管理、额外收费、实行不同的技术检验、质量检验和环保标准等（樊纲、王小鲁、胡李鹏，2018），同时，贸易保护程度与当地的外商投资规模紧密相连，虽然这些保护措施在一定时间和空间范围内保护了当地企业的发展，一定的外商投资规模也可以为当地的经济增长有所贡献，其外商投资所带来的管理与技术水平亦可为本土企业树立标杆，但是这些保护措施在企业外部环境不确定的情况下，并不能直接影响企业的决策行为，企业更多的精力会放在调整决策来应对不确定性所带来的潜在损失上，所以地方保护程度的高低对企业进行决策调整带来的影响有限。

表4-10列示了金融发展水平不同地区的回归结果，在全样本中，金融发展水平高的地区，EPU_{t-1}的系数为-0.00003，金融发展水平低的地区，EPU_{t-1}的系数为-0.00005，均在1%的显著性水平下为负，并且两组系数差异检验Chi2的值为6.67，在1%的水平下显著，说明高组和低组的系数差异是存在的，这表明经济政策不确定性对企业风险承担的影响程度在金融发展水平高的地区更小一些；进一步区分国有组与非国有组分别检验，也得到了相同的结果，国有组EPU_{t-1}的系数在金融发展水平高的组为-0.00003，低的组为-0.00006，非国有组EPU_{t-1}的系数在金融发展水平高的组为-0.00003，低的组为-0.00005，组间系数差异检验Chi2的值分别为7.05和7.43，均在统计上显著。也就是说，不论是国有企业还是非国有企业，在金融发展水平低的地区，经济政策不确定性对企业风险承担带来的影响更大一些。相反，金融发展水平高的地方，意味着当地仅有大型国有银行垄断金融市场的局面有所缓解，其他较小的国有银行以及非国有金融机构的增加体现了当地金融业充分竞争的繁荣程度，为非国有企业信贷资金分配的比例会增加，更加市场化，这一环境使经济政策不确定性增加带给企业高风险投资项目融资难的问题得到缓解，从而缓和了不确定性给企业经营带来的摩擦，所以较高的金融发展水平为不确定性环境下的企业进行风险投资提供了肥沃的资金土壤。

不同法治化程度的回归结果见表4-11，在全样本中，法治化程度高的地区，EPU_{t-1}的系数为-0.00002，法治化程度低的地区，EPU_{t-1}的系数为-0.00004，均在1%的显著性水平下为负，并且两组系数差异检验Chi2的值为4.01，在5%的水平下显著，说明高组和低组的系数差异是存在的，这表明经济政策不确定性对企业风险承担水平的影响程度在法治化程度高的地区更小一些；进一步区分国有组与非国有组分别检验，也得到了相同的结果，国有组EPU_{t-1}的系数在法治化程度高的组为-0.00003，低的组为-0.00004，非国有组EPU_{t-1}的系数在法治化程度高的组为-0.00002，低的组为-0.00004，组间系数差异检验Chi2的值分别为 3.97 和 4.54，均在统计上显著。也就是说，不论是国有企业还是非国有企业，法治化程度低的地区，经济政策不确定性对企业风险承担带来的影响更大一些。相反，法治化程度高的地方，意味着市场的正常运行得到了有效保障，企业作为市场中的生产者亦是市场中的消费者，其合法权益得到了有效保护，能够促进企业创新活动，进行周期长、投资大、回收难、收益高的风险性项目投资，知识产权能够得到有效保护，即便经济政策不确定性较高，但给企业提供了技术进步与创新活动的重要条件，在一定程度上缓解了经济不确定性带来的负向影响。

2.稳健性检验

为了确保上述模型估计结果的有效性，本书还做了以下几项稳健性检验。

（1）内生性问题

动态面板模型本身能够在一定程度上缓解因遗漏变量引起的模型内生性问题，这也是本书考虑采用动态面板模型的主要原因，根据表 4-6 的扰动项自相关检验和工具变量有效性检验，均已通过，这说明 GMM 方法下的参数估计是有效的，结论也是稳健的。

（2）主要变量的其他衡量指标

针对经济不确定性指数的度量，本书借鉴 Gulen 和 Ion（2016）的做法，采用加权平均法计算的季度经济政策不确定性指标（EPU$_{t-1}$'）进行计算，回归结果显示，不论是加权平均法还是年度平均法，其结果见表 4-12，也未出现实质性的差异。另外，借鉴 John（2008）的观点，将风险承担水平改用 4 年期窗口计算，其结果也未出现明显差异，实证结果见表 4-13。最后，本书根据国家统计局的标准，将样本按照注册地进行分类，依次划分为东部、中部和西部来分析经济政策不确定性的区域效应。其中，东部地区包括北京、天津、河北、辽宁、上海等 11 个省（自治区、直辖市）；中部地区包括山西、内蒙古、吉林、黑龙江等 8 个省（自治区、直辖市）；西部地区包括陕西、甘肃、青海、贵州等 12 个省（自治区、直辖市），结果见表 4-14。东部、中部、西部的估计参数按照 RISK1 回归为 -0.102、-0.155、-0.184，按照 RISK2（窗口期为 4 年的 RISK）回归为 -0.062、-0.072、-0.093 均在 1% 的显著性水平下为负，呈现出经济政策不确定性对东部、中部、西部的影响递增的态势。由此可见，市场化程度越低、经济越不发达的地区企业风险承担水平受到的影响越大。这一结果与本书得出的结论未出现实质性的差异，说明以上结果是稳健的。

表4-12　　　　　　　　　　稳健性检验（1）

项目	Panel A　差分GMM					
	全样本		国有组		非国有组	
	（1）	（2）	（3）	（4）	（5）	（6）
	MP高	MP低	MP高	MP低	MP高	MP低
L.	0.621***	0.721***	0.572***	0.713***	0.600***	0.700***
	(20.29)	(20.40)	(11.12)	(13.65)	(16.11)	(14.69)
EPU_{t-1}	−0.00001***	−0.00003***	−0.00001***	−0.00004***	−0.00001***	−0.00002**
	(−3.05)	(−5.63)	(−2.77)	(−5.29)	(−2.68)	(−2.46)
First	−0.0006**	−0.0002	−0.0002	−0.0002	−0.0001***	−0.0001**
	(−2.66)	(−0.95)	(−0.63)	(−0.55)	(−3.33)	(−2.50)
Size	−0.005***	−0.009***	−0.005***	−0.008***	−0.007***	−0.011***
	(−10.53)	(−19.12)	(−6.90)	(−10.34)	(−8.67)	(−14.38)
Leverage	0.012***	0.033***	0.009*	0.029***	0.015***	0.036***
	(3.68)	(9.51)	(1.82)	(6.12)	(3.46)	(7.85)
Growth	0.003***	0.002***	0.007	0.001	0.005***	0.004***
	(4.59)	(3.87)	(0.66)	(1.05)	(5.01)	(4.75)
Age	0.002	0.007	0.0004	0.003	0.003*	0.009***
	(1.32)	(2.79)	(0.14)	(0.85)	(1.82)	(3.06)
State	0.001*	0.001				
	(1.57)	(1.00)				
PPI	0.0006***	0.0004***	0.0002*	0.0002**	0.001***	0.0006***
	(7.16)	(4.94)	(1.56)	(2.28)	(7.81)	(4.54)
Cons	0.083***	0.164***	0.126***	0.163***	0.069***	0.188***
	(4.84)	(9.10)	(4.67)	(6.53)	(2.98)	(7.23)
N	11 440	9 366	3 776	4 495	4 858	7 677
Chi2	675.87***	2 078.62***	695.63***	5 930.02***	497.89***	6 422.31***
Panel B　组间系数差异检验						
EPU_{t-1}系数差异全样本			国有组		非国有组	
Chi2	3.88		3.86		3.96	
p-value	0.049		0.049		0.048	

注：括号中为z值，***、**、*分别表示在1%、5%和10%水平上显著。

表4-13   稳健性检验（2）

项目	Panel A 差分GMM					
	全样本		国有组		非国有组	
	（1）	（2）	（3）	（4）	（5）	（6）
	MP高	MP低	MP高	MP低	MP高	MP低
L.	0.778***	0.850***	0.791***	0.775***	0.758***	0.842***
	(23.96)	(22.20)	(15.26)	(15.34)	(18.68)	(13.88)
EPU$_{t-1}$	−0.00001***	−0.00003***	−0.00001***	−0.00004***	−0.00002***	−0.00003***
	(−4.75)	(−7.65)	(−2.74)	(−6.63)	(−4.81)	(−3.80)
First	−0.0005**	−0.0002	−0.0002	−0.0002	−0.0001***	−0.0001*
	(−1.86)	(−0.37)	(−0.13)	(−0.68)	(−2.68)	(−1.64)
Size	−0.006***	−0.010***	−0.005***	−0.008***	−0.007***	−0.012***
	(−10.18)	(−16.61)	(−6.86)	(−10.88)	(−8.11)	(−14.29)
Leverage	0.009**	0.030***	0.004*	0.024***	0.012**	0.036***
	(2.44)	(8.20)	(1.93)	(4.97)	(2.52)	(7.06)
Growth	0.005***	0.003***	0.002*	0.002**	0.006***	0.005***
	(5.86)	(5.27)	(1.72)	(2.33)	(5.87)	(5.47)
Age	0.004**	0.010***	0.0002	0.007*	0.006***	0.012***
	(2.09)	(3.71)	(0.08)	(1.82)	(2.59)	(3.41)
State	0.001	0.001				
	(1.16)	(1.29)				
PPI	0.0006***	0.0006***	0.0003**	0.0002**	0.001***	0.0002**
	(6.96)	(4.83)	(2.29)	(2.28)	(7.06)	(2.18)
Cons	0.089***	0.211***	0.121***	0.208***	0.082***	0.235***
	(4.97)	(11.97)	(4.38)	(8.78)	(3.28)	(8.82)
N	11 440	9 366	3 776	4 495	4 858	7 677
Chi2	877.15***	5 201.95***	1 391.38***	5 671.61***	447.26***	8 688.77***
	Panel B 组间系数差异检验					
EPU$_{t-1}$系数差异	全样本		国有组		非国有组	
Chi2	5.28		5.56		5.67	
p-value	0.022		0.018		0.012	

注：括号中为z值，***、**、*分别表示在1%、5%和10%水平上显著。

表4-14　　　　　　　　　　　稳健性检验（3）

项目	Panel A　差分GMM					
	东部		中部		西部	
	（1）	（2）	（3）	（4）	（5）	（6）
	RISK1	RISK2	RISK1	RISK2	RISK1	RISK2
L.	0.665***	0.663***	0.693***	0.630***	0.745***	0.772***
	（19.99）	（18.69）	（33.98）	（11.26）	（29.97）	（24.58）
LnEPU	−0.102***	−0.062***	−0.155***	−0.072***	−0.184***	−0.093***
	（−6.45）	（−5.34）	（−6.33）	（−4.17）	（−5.97）	（−2.91）
First	−0.003**	−0.000	0.003	0.002	0.003	0.000
	（−2.09）	（−0.19）	（1.29）	（1.29）	（1.56）	（0.41）
Size	−0.175***	0.061	−0.108**	0.006	−0.019	0.127**
	（−4.03）	（1.24）	（−2.11）	（0.16）	（−0.35）	（2.84）
Leverage	0.207	0.297***	0.127***	0.117***	0.305**	0.327**
	（1.61）	（3.30）	（3.90）	（3.78）	（2.32）	（2.22）
Growth	0.048**	0.007	0.005**	0.048**	0.005***	0.031*
	（2.50）	（0.36）	（2.52）	（2.47）	（2.62）	（1.63）
Age	−11.949**	−10.096***	1.527***	0.359	1.514	1.766
	（−2.52）	（−9.80）	（3.30）	（0.84）	（0.10）	（0.39）
State	−0.045**	−0.092***	−0.083**	−0.057**	0.005	−0.115
	（−2.35）	（−2.79）	（−2.50）	（−2.12）	（−0.43）	（−0.83）
PPI	−0.028***	−0.071***	−0.016***	−0.054***	−0.018***	−0.068***
	（−13.53）	（−12.81）	（−6.74）	（−9.94）	（−7.19）	（−12.72）
Cons	39.728***	29.238***	16.238***	26.238***	5.834	9.834
	（2.94）	（8.04）	（6.77）	（6.49）	（0.12）	（0.42）
N	14 133	14 133	4 137	4 137	2 536	2 536
Chi2	1 483.25***	2 855.21***	1 602.67***	2 820.89***	7 200.35***	5 039.45***
Panel B　东中西组间系数差异检验						
EPU$_{t-1}$系数差异	东中		东西		中西	
Chi2	4.93		6.62		5.01	
p-value	0.037		0.007		0.026	

注：括号中为z值，***、**、*分别表示在1%、5%和10%水平上显著。

4.3　本章小结

考虑到我国不同地区与省份之间市场化程度并不相同，存在很大差异，面对经济波动的反应和时效也会有所不同。另外，不同的市场化程度意味着不同的制度环境，企业风险承担的意愿与条件也会有所差异，故而，本章在研究经济政策不确定性对企业风险承担水平的影响时，加入宏观因素市场化进程这一变量，考察市场化进程在其中所起的调节效应。

从回归结果看，高市场化程度有效地缓解了经济政策不确定性对企业风险承担水平的负向影响，在市场化程度高的地区，经济政策不确定性对企业风险承担水平的影响比市场化程度低的地区明显要小一些。由此可见，市场化程度越低、经济越不发达的地区企业风险承担水平受到经济政策不确定性的影响越大。所以，市场化进程能够促进企业风险承担水平的提高。进一步分别在国有组与非国有组继续区分市场化程度高与低进行回归，结果表明，上述情况仍然存在，所以不论是国有企业还是非国有企业，市场化进程能够很好地缓解经济政策不确定性对企业风险承担水平的消极影响。

另外，本章结合樊纲等（2016）将市场化进程区分为五个制度因素，分别从政府干预程度、非国有经济发展程度、地方保护程度、金融发展水平以及法治化程度进行分组考察。从回归的结果看，五个因素中，有四个制度因素表现出了类似的结果，分别是政府干预程度、非国有经济发展程度、金融发展水平以及法治化程度，这些制度因素的值越高，越能缓解经济政策不确定性对企业风险承担水平的消极影响，并且在区分国有组与非国有组后，同样的结果仍然存在。但是在考察地方保护程度制度因素时，回归结果表明，这一制度因素的调节效应不显著，也就是说虽然不论是国有企业还是非国有企业，都存在经济政策不确定性对企业风险承担水平的负向影响，但不存在地方保护程度上的差异。

第5章 经济政策不确定性、公司战略与
企业风险承担

前一章考察了宏观因素市场化进程的调节作用，发现市场化进程有效缓解了经济政策不确定性对企业风险承担水平的负向影响。本章将从中观因素——公司战略的角度考察经济政策不确定性影响在企业风险承担中的调节作用。

一方面，企业的战略决策涉及企业各项资源的配置，其影响范围也会波及企业的方方面面，不同类型的公司战略在企业目标自上而下分解与落实的过程中自然会影响到企业的财务资本结构、研发投入、市场扩张、资本性资产支出等方面，通过企业战略的视角探视企业风险承担水平，能从更为综合的角度加以分析。另一方面，不确定性中除了风险因素外也蕴藏着机遇因素，如果企业能够充分识别和利用环境变化带来的机会，选择与环境条件相适应的战略，亦可以为企业带来巨大的收益，提升企业竞争力，所以，本章选取中观因素——公司战略，重点考察不同战略模式下公司风险承担水平受经济政策不确定性的影响程度。

5.1　研究假设

已有文献对于公司战略的划分有多种方法。Porter（1980）将公司战略划分为成本领先型和差别化战略；后来 March（1991）将公司战略划分为探索型和开发型；Treacy 和 Wiersema（1995）则将公司战略分为产品领先型、高效运营型和亲密顾客型。Mies 和 Snow（1978，2003）则将公司战略从保守到激进依次划分为防御型、分析型和进攻型。

Bentley 等认为，Mies 和 Snow 对企业战略类型的划分不仅能够涵盖已有的主流战略类型划分，且该战略类型能够利用档案数据度量，其他几种战略类型都只能通过对公司管理层的访谈或调查获得。此外，已有大量的文献对该种战略类型划分的有效性进行了广泛的测试，并得到检验（Hambrick，1983；Segev，1987；Ittner 等，1997；Bentley 等，2013）。为此，考虑到以上三点因素，本书也借鉴 Mies 和 Snow 对企业战略类型的划分，以便在对公司战略的研究中可以获取更大的样本。

Mies 和 Snow（2013）认为进攻型与防御型战略在其经营特点上存在较大差异，进攻型的公司注重创新，不断开发新产品、开拓新市场，因而面临的风险也较大。防御型的公司立足于现有市场，通过价格、服务和产品质量来获取竞争优势，以维持市场份额。由于进攻型公司战略与防御型公司战略在投资决策、融资决策、研发投入与销售支出、人力资本以及风险机会方面均有差异，因而其风险承担水平也会有所不同。

从总体上看，经济政策的不确定性抑制了企业的风险性投资，降低了企业风险承担水平，使得经济增长减速，但是，不确定性却是企业利润的唯一来源，假如未来的变动都可以预测，企业的利润就消失了（Knight，1921）。持相同观点的我国学者刘志远（2015）以中央政府换届前和换届后表征不同表示经济政策不确定性，研究了不确定性中的风险因素和机遇因素对不同性质企业的影响，发现国有企业更易受风险因素的影响，而民营企业则更易受机遇因素的影响。Brouwer（2000）认为，如果没有了不确定性，创新活动会受到抑制。因此，不确定性虽然意味着风险，但也蕴藏着机遇。

真正的机遇总是留给那些能够充分识别和利用环境变化的企业，并选择与环境条件相适应的战略，提高企业风险承担水平，为组织提供持续的竞争优势，获得卓越的绩效（Oosthuizen，1997）。故而，不同的公司战略对经济政策不确定性影响企业风险承担水平会产生不同的调节作用。

一方面，不同公司战略的选择能够在一定程度上反映出企业对风险的偏好（Judge和Hu，2015）；另一方面，在外部环境越不确定、投资风险越大的情况下，企业仍然采取偏离行业常规的战略，选择更高风险、更高收益的投资项目，这也体现了管理层对风险中机遇的识别与判断。趋同于行业常规的战略往往遵循行业法规，努力符合监管部门的要求，以便更好地应对行业特有风险。具体来说，两种不同的战略模式对风险承担的影响主要体现在投资决策、融资决策、研发投入与销售支出以及风险机会四个方面：一是投资决策。偏离行业常规的战略会不断找寻机会开发新产品、开拓新市场，因而这类公司进行投资决策时，更愿意冒风险拓展新领域；而采取常规战略的公司业务经营较为稳健，进行投资决策时更倾向于规避风险。二是融资决策。相较于常规战略，偏离行业常规越多的公司通常越会在研究开发、拓展市场等方面有大量的支出，因此其现金流水平相对较低，融资需求通常较高，更容易由于现金流不足而陷入财务困境，故而做出融资决策时对应的风险也更大。三是研发投入与销售支出。由于偏离常规战略的进攻型公司的产品在市场上替代品较少，产品的多样性导致分散的产品市场，同时，更为关注研究开发与市场营销，因此在研发与销售上会有大量支出，而持稳健型战略的公司产品替代品较多，集中于固定的产品市场，主要通过价格、服务和产品质量保证他们的竞争力，在研发和销售支出上则较少。四是风险机会。由于偏离行业常规，其风险就越大，尽管高风险使得成功的收益变大，但失败的损失也同样增大；保守一点的公司与竞争对手较为相似，相应风险小一些，收益也中庸一些。

基于以上分析，本书提出如下待检验假设：

假设1：战略差异度对经济政策不确定性与企业风险承担水平有促进作用。

根据上文中的分析，国有企业经营目标的不唯一、内部人控制以及"政治晋升"的隐性激励问题，使得国有企业的管理者在做出相应的战略决策时，更愿意采取稳健的策略（李文贵等，2012）。因此，基于稳健性优先的考虑，当外部环境不确定、政策不明朗、信息不充分时，国有企业管理层更愿意维持稳定的经营战略，以避免战略变革带来的巨大风险造成的个人损失。相反，非国有企业经营目标单一，内部人控制问题远远弱于国有企业，有强烈的动机努力经营好企业，加上来自市场内部与外部的监督，为了提升企业竞争力，当外部环境不确定时，基于强烈的生存愿望会去选择偏离行业常规的战略，更有意愿选择风险性项目。

基于此，本书提出如下假设：

假设2：企业的国有性质有可能会削弱战略差异度对经济政策不确定性与企业风险承担水平之间的促进作用。

5.2 研究设计

5.2.1 样本选择与数据来源

本书初始样本为2007—2018年在沪深交易所上市的所有A股上市公司。为了保证样本的可比性与实证结果的有效性，在此基础上剔除了以下几类公司：（1）金融保险类上市公司。由于这类公司的商业模式有别于非金融类企业，在财务报表上的要求不一样，所以财务报表结构和主要会计项目也异于一般行业。（2）ST类公司。这类企业大多在异常的状态下经营，与一般企业不具可比性。（3）有缺失值的企业。上市不足3年以及经数据库和手工收集仍然存在缺失值的企业，在不损害样本有效性的前提下剔除。本书所使用的数据，除了Baker（2013）构建的经济政策不确定性指数来自"经济政策不确定性"网站（http：//www.policyuncertainty.com）外，其余数据均来自CSMAR数据库、WIND数据库以及各省统计年鉴，数据库中有缺失的信息经手工从年报中摘取补充，最终获得20 806个观测值。最后，本书对所有连续性变量在1%的水平上进行了 winsorize 处理，以避免极端值造成的异常影响。

5.2.2 模型构建与变量说明

为了检验公司战略对经济政策不确定性与企业风险承担关系影响中的调节效应，同时，考虑到当期风险承担水平会受到上一期风险承担水平的影响，本书使用包含企业风险承担滞后项的动态面板数据估计模型，用来检验假设 1 与假设 2，具体模型如下所示：

$$\text{RISK}_{i,t} = \alpha_0 + \alpha_1 \text{RISK}_{i,t-1} + \beta_1 \text{EPU}_{t-1} + \beta_2 \text{Stra}_{i,t} + \beta_3 \text{Stra}_{i,t} \times \text{EPU}_{t-1} + \beta_4 \text{Control}_{i,t} + \lambda_i + \varepsilon_{i,t} \tag{5.1}$$

其中，i 表示不同企业，t 表示不同年份，RISK 为企业风险承担水平，采用分行业、分年份对公司 ROA 调整后的盈利波动性来衡量，具体算法见第 3 章公式（3.1）、（3.2）和（3.3）；考虑到经济政策对投资项目的影响并不会在当期立即显现，往往会有一定的滞后期，所以本节采用滞后一期的 EPU 表示经济政策不确定性（Baker 等，2013）。

模型中对于公司战略 Stra 的度量，本书借鉴 Tang 等（2011）和叶康涛（2014，2015）等人的研究，通过计算企业在 6 个关键领域资源分配的情况，来反映公司战略偏离行业常规的程度，基于企业现有资源的分配情况体现的是企业战略模式的考虑（Aiyu，2007）。

这 6 个关键战略维度分别为：广告与宣传的投入：销售费用/营业收入，反映企业营销、市场扩张方面的资源分配；研发投入：（无形资产净值+开发支出）/营业收入，反映企业在创新项目上的投入；资本密集度：固定资产/员工人数，反映公司人力资源密度；固定资产更新程度：固定资产净值/固定资产原值，反映企业的资本密度；管理费用投入：管理费用/营业收入，反映企业费用结构；企业财务杠杆：（短期借款+长期借款+应付债券）/权益账面价值，反映公司的资本运营方式。以上 6 个指标均从某一个侧面反映了企业的战略，综合在一起便能反映企业的整体战略，具体见表 5-1。

本书对以上 6 个指标分别减去当年同行业该指标的均值，再除以该指标标准差并予以标准化后取绝对值，如此，便得到了各企业在 6 个战略维度上偏离行业平均水平的程度，最后，将 6 个偏离程度加总后取算

表5-1 公司战略度量维度

战略维度	测量方法
广告与宣传投入	销售费用/营业收入
研发投入	(无形资产净值+开发支出)/营业收入
资本密集度	固定资产/员工人数
固定资产更新程度	固定资产净值/固定资产原值
管理费用投入	管理费用/营业收入
企业财务杠杆	(短期借款+长期借款+应付债券)/权益账面价值

术平均数，便得到了Stra，该指标越大，说明该企业的战略模式偏离行业平均水平越大，相应的战略模式越激进，相反，Stra越小，则说明企业的战略越靠近行业平均水平，战略模式也越保守。

Control为影响企业风险承担的微观与宏观变量，微观变量主要是企业层面的变量（参考Jone等，2008；Faccio等，2011a、2011b；余文桂等，2013），有杠杆率（Leverage），企业成长性（Growth），企业规模（Size），第一大股东持股比例（First），企业年龄（Age），企业产权性质（State），宏观层面变量主要是工业品出厂价格指数（PPI）。具体含义及度量方法见表5-2。

表5-2 研究变量定义与度量方法

变量	含义	度量方法
RISK	企业风险承担	每一观测时段内经行业调整的ROA的标准差
EPU	经济政策不确定性	全年EPU月度数据的算术平均数
Stra	公司战略	参考Tang等（2011）做法，从六个维度度量
Growth	企业成长性	企业营业收入的年增长率
Leverage	杠杆率	总负债与总资产的比例
Size	企业规模	总资产的自然对数
First	控股股东持股	企业第一大股东年末的持股比例，小于20%的均赋值为0
Age	企业年龄	企业成立年限加1后取自然对数
State	所有权性质	若第一大股东所持股份性质为国有，取值为1，否则为0
PPI	生产价格指数	工业品出厂价格指数

模型中被解释变量滞后阶数的选择，主要以保证差分广义矩估计下的残差项不存在二阶自相关为标准。为了保证估计结果的一致性，本书对上述模型均采用广义矩估计（GMM），另外，模型5.1对季节和行业个体效应λ_i进行了控制，系数检验均采用稳健标准误。

5.2.3 描述性统计与相关性分析

1.描述性统计

表5-3分别对主要的宏观层面和企业层面的变量进行了描述性统计。在观测样本中，RISK1的最大值为0.172，最小值为0.002，平均值为0.035，标准差0.032。宏观经济政策不确定性指数（EPU）的平均值为203.369，最大值364.833，最小值82.245，PPI的平均值为100.696，最大值106.900，最小值94.600。

表5-3　　　　　　　　　主要变量的描述性统计特征

A-企业层面变量							
变量	观察值	平均值	标准差	中位数	最小值	最大值	p25	p75
RISK1	20 806	0.035	0.032	0.024	0.002	0.172	0.013	0.047
Stra	20 806	0.598	0.390	0.478	0.000	4.438	0.360	0.700
Growth	20 806	0.214	0.588	0.116	−0.669	6.817	−0.029	0.290
Leverage	20 806	0.469	0.230	0.466	0.047	1.233	0.295	0.628
Size	20 806	21.788	1.233	21.666	18.963	25.700	20.929	22.505
First	20 806	33.055	18.936	33.280	0.000	90.000	23.330	46.090
Age	20 806	2.953	0.310	2.996	0.693	4.290	2.833	3.178
State	20 806	0.478	0.500	0.000	0.000	1.000	0.000	1.000

B-宏观层面变量							
变量	观察值	平均值	标准差	中位数	最小值	最大值	p25	p75
EPU	12	203.369	100.273	179.041	82.245	364.833	123.635	244.398
PPI	12	100.696	4.416	98.600	94.600	106.900	98.100	106.000

在控制变量方面，上市公司资产负债率平均值为0.469，这说明公

司的平均负债水平为46.9%；第一大股东持股比例处理后的平均值为33.06%，这表明第一大股东持股比例较高，大多上市公司的股权集中度较高；控制人身份为国有资本的上市公司约占样本总数的47.8%，变量Growth的平均值为0.214，代表样本企业销售收入增长率平均为21.4%，有着较好的成长性，Age的平均值为2.953，这代表公司平均成立年限约为18年。

本章当中调节变量战略差异度（Stra）的平均值为0.598，标准差为0.390，最大值4.438，而最小值仅为0.000，这说明各企业的战略差异度较大，对我们做实证研究有很好的分析价值。表5-4显示不同的公司战略类型的结构分布，划分类型按照公司战略值的p25和p75分位数为界，大于等于0.7的归类为进攻型，小于等于0.36的为防御型，居于中间的为分析型。

表5-4 不同公司战略类型结构分布

类型	进攻性 （Stra≥0.7）	分析型 （0.36<Stra<0.7）	防御型 （Stra≤0.36）
样本量	5 118	10 340	5 326
占比	24.6%	49.7%	25.6%

2.相关性分析

表5-5为模型5.1中所涉及主要变量的Pearson相关系数矩阵。矩阵中，本书关注的核心解释变量经济政策不确定性指数EPU_{t-1}与企业风险承担水平RISK1之间显著负相关，这表明，经济政策不确定性升高时，会导致企业下一期风险承担水平降低，公司战略Stra与企业风险承担水平RISK1之间有明显的正向关系。另外，企业风险承担水平与宏观控制变量间表现为正相关关系，微观企业层面的控制变量中，除了企业规模、第一大股东的持股比例与风险承担水平间为负相关关系外，其余为正向关系。

本书对模型中所涉及的所有变量进行了VIF检验，见表5-6，模型5.1的各变量方差膨胀系数均小于3.5，综合系数为2.13，远远小于10，这说明变量间不存在严重的多重共线性问题。

表5-5 模型5.1主要变量Pearson相关系数

Items	RISK1	EPU$_{t-1}$	Stra	First	Size	Leverage	Growth	Age	PPI
RISK1	1								
EPU$_{t-1}$	−0.157***	1							
Stra	0.040***	0.009	1						
First	−0.020***	0.007	−0.010	1					
Size	−0.078***	0.062***	0.060***	0.054***	1				
Leverage	0.111***	−0.087***	0.062***	−0.006**	0.306***	1			
Growth	0.023***	−0.030***	0.005	−0.005	0.056***	0.034***	1		
Age	0.097***	−0.109***	0.125***	−0.107***	0.078***	0.275***	0.009	1	
PPI	0.167***	−0.480***	−0.016*	0.018**	−0.127***	0.085***	0.070***	0.120***	1

注：***、**、*分别表示在1%，5%和10%水平上显著。

表5-6 模型6.1各变量方差膨胀系数

variable	VIF	1/VIF
EPU$_{t-1}$	2.18	0.4597
Stra	1.03	0.9752
First	1.07	0.9387
Size	1.22	0.7968
Leverage	1.27	0.7881
Growth	1.02	0.9813
Age	1.26	0.7960
PPI	3.25	0.2023
Mean VIF	2.13	

5.2.4 实证分析

1.回归结果分析

模型5.1的回归结果见表5-7。回归仍然采用差分GMM进行估计，扰动项二阶自相关以及工具变量过度识别检验结果见表5-8，扰动项二

表 5-7   基于公司战略调节效应的回归结果

项目	差分 GMM					
	全样本		国有组		非国有组	
	（1）	（2）	（3）	（4）	（5）	（6）
L1.	0.640***	0.642***	0.635***	0.638***	0.620***	0.620***
	（26.47）	（26.54）	（16.53）	（16.51）	（16.30）	（16.25）
EPU_{t-1}	−0.00001***	−0.00001***	−0.00001***	−0.00001***	−0.00001***	−0.00002***
	（−2.58）	（−2.58）	（−2.98）	（−5.18）	（−2.89）	（−2.96）
Stra		0.002***		0.004		0.002***
		（2.77）		（1.36）		（2.78）
Stra× EPU_{t-1}		0.00005**		−0.00006		0.00001*
		（2.78）		（−0.48）		（1.73）
First	−0.0002**	−0.0002**	−0.0002**	−0.0002***	−0.0002***	−0.0002***
	（−2.03）	（−2.06）	（−2.06）	（−2.70）	（−2.45）	（−2.24）
Size	−0.001***	−0.001***	−0.002***	−0.002***	−0.002***	−0.004***
	（−4.44）	（−4.59）	（−5.57）	（−5.43）	（−3.82）	（−3.81）
Leverage	0.011***	0.008**	0.013**	0.013***	0.006***	0.006***
	（7.64）	（2.34）	（6.02）	（6.01）	（3.88）	（3.73）
Growth	0.001*	0.0007*	0.001	0.001	0.001	0.001
	（1.65）	（1.63）	（1.17）	（1.12）	（1.24）	（1.56）
Age	1.30***	−1.30***	0.002	0.002	−0.022	0.003***
	（13.31）	（−13.31）	（1.47）	（1.38）	（−1.43）	（4.09）
State	−0.03	0.001				
	（−1.25）	（1.3）				
PPI	0.004***	0.004***	0.005***	0.005***	0.0005***	0.006***
	（5.55）	（7.13）	（6.24）	（6.06）	（6.66）	（6.76）
Cons	3.78***	3.79***	3.91***	3.91***	3.15***	3.52***
	（13.02）	（13.36）	（14.44）	（14.46）	（15.08）	（15.99）
N	20 806	20 806	9 945	9 945	10 860	10 860
Chi2	1 114.21***	1 134.06***	643.91***	645.95***	4 710.94***	4 872.75***

注：括号中为 z 值，***、**、*分别表示在 1%、5% 和 10% 水平上显著。

表5-8　差分GMM扰动项二阶自相关与工具变量过度识别检验

项目	差分GMM					
	全样本		国有组		非国有组	
	（1）	（2）	（3）	（4）	（5）	（6）
AR（1）	−7.934 （0.000）	−8.142 （0.000）	−6.714 （0.000）	−6.235 （0.000）	−4.568 （0.000）	−5.147 （0.000）
AR（2）	−0.018 （0.901）	−2.016 （0.084）	0.475 （0.234）	−0.563 （0.530）	0.135 （0.748）	−1.786 （0.237）
Sargan	27.800 （0.214）	24.091 （0.271）	34.023 （0.244）	35.626 （0.180）	47.149 （0.684）	45.221 （0.426）

注：AR（1）与AR（2）分别表示扰动项一阶差分自相关和二阶差分自相关检验，括号中为p值。

阶均无自相关，差分GMM法适用的前提条件满足，另外，工具变量的过度识别检验结果表明模型中使用的工具变量均有效。本书引入公司战略与经济政策不确定性滞后一期的交叉项，来考察公司战略的调节作用。表5-7第（1）、（2）列，分别为不加交互项与增加交互项的回归结果，为便于比较，本书将其放在一起。交互项系数为0.00005，在1%的水平下显著为正。这说明，在经济政策不确定性非常高的外部环境下，公司采用偏离行业均值行为越大的公司战略将导致企业的风险承担水平上升，换句话说，经济政策不确定性越高，企业风险承担水平在那些循规蹈矩、墨守成规、创新不足的企业中会更低。出现上述回归结果的原因在于不同公司战略的选择能够在一定程度上反映出企业对风险的偏好（Judge，2015）。另外，外部环境越不确定，投资风险越大的情况下，企业仍然采取偏离行业常规的激进型战略，选择更高风险、更高收益的投资项目，这也体现了管理层对风险中机遇的识别与判断。趋同于行业常规的防御型战略往往遵循行业法规，努力符合监管部门要求，以便更好地应对行业特有风险。

当本书分国有组和非国有组再次检验公司战略的调节作用时，发现在国有企业中，公司战略的调节作用并不显著，见第（3）、（4）列，而在非国有企业中，交互项的系数显著为正，见第（5）、（6）列，这说明公司战略的调节作用在非国有企业中更明显。这一结果证实了本章的假设2。

所以，实证结果表明，在经济政策不确定性较高的外部环境下，公司采用激进型公司战略对企业的风险承担水平具有正向调节作用，换句话说，公司战略差异度可以削弱经济政策不确定性对企业风险承担水平的负向影响，经济政策不确定性越高，企业风险承担水平在那些循规蹈矩、墨守成规、创新不足的企业中会更低。

当本书分国有组和非国有组再次检验公司战略的调节作用时，发现在国有企业组，交互项系数不显著，即公司战略的调节作用不明显，结果见表5-7第（4）列，表明在经济政策不确定的情况下，国有企业更倾向于选择稳健的公司战略，也更倾向于风险较低的投资项目。而在非国有组，交互项的系数为0.00001，在10%的水平下显著为正，见表5-7第（6）列，说明公司战略的调节作用在非国有企业中更明显。根据前文中的分析，国有企业经营目标的不唯一、内部人控制以及"政治晋升"的隐性激励问题，使得国有企业的管理者在做出相应的战略决策时，更愿意采取稳健的策略（李文贵，2012）。因此，基于稳健性优先的考虑，当外部环境不确定、政策不明朗、信息不充分时，国有企业管理层更愿意维持稳定的经营战略，以避免战略变革带来的巨大风险造成的个人损失。相反，非国有企业经营目标单一，内部人控制问题远远弱于国有企业，有强烈的动机努力经营好企业，加上来自市场内部与外部的监督，为了提升企业竞争力，当外部环境不确定时，基于强烈的生存愿望会选择激进的战略，更有意愿选择风险性项目，并且非国有企业受到政府的干预较少，能够结合外部环境的变化选择适合的公司战略，更多地将精力放在以企业价值最大化为主的目标上，充分识别投资机会，适时地采取激进的公司战略，选择风险比较高但预期净现值为正的项目来提高企业的未来收益。所以公司战略的调节作用在非国有组要更明显一些。

2.稳健性检验

为了确保上述模型估计结果的有效性，本书还做了以下几项稳健性检验。

（1）内生性问题

动态面板模型本身能够在一定程度上缓解因遗漏变量引起的模型内生性问题，这也是本书考虑采用动态面板模型的主要原因，根据表5-8的扰动项自相关检验和工具变量有效性检验，均已通过，这说明GMM方法下的参数估计是有效的，结论也是稳健的。

（2）更换样本

不同行业的公司战略有其自身的特点及特定的模式，例如，高新技术产业类企业更倾向于选择激进的战略模式，来适应技术与产品的不断更新换代，所以以单一行业的企业作为检验样本能在一定程度上避免行业特点对企业风险承担水平的特定要求，考虑到制造业在我国占有较大比重，故而本书在做稳健性分析时，从初始样本中单独选取制造业样本重新进行检验，见表5-9，在第（1）列中，公司战略的调节作用在10%的水平上显著为正，后将制造业行业样本划分为国有与非国有组后，见第（2）列与第（3）列，国有组仍然不显著，但是非国有组公司战略的调节作用仍然存在，这与表5-7的回归结果无实质性的差异，说明上述结果是稳健的。

表5-9　　　　　　　　　　稳健性检验的回归结果

项目	差分GMM		
	全样本	国有组	非国有组
	（1）	（2）	（3）
L1.	0.550***	0.549***	0.557***
	(11.12)	(13.00)	(11.38)
EPU$_{t-1}$	−0.00001***	−0.00001***	−0.00001***
	(−2.87)	(−2.68)	(−2.79)
Stra	0.001**	0.002	0.002**
	(2.03)	(0.36)	(2.34)
Stra×EPU$_{t-1}$	0.00002*	−0.00001	0.00001***
	(1.78)	(−0.48)	(2.73)

续表

项目	差分 GMM		
	全样本	国有组	非国有组
	（1）	（2）	（3）
First	−0.0002**	−0.0002***	−0.0005***
	（−2.06）	（−2.70）	（−3.32）
Size	−0.001***	−0.002***	−0.003***
	（−4.59）	（−5.43）	（−3.81）
Leverage	0.008**	0.013***	0.006***
	（2.34）	（6.01）	（3.07）
Growth	0.0007*	0.001	0.001
	（1.63）	（1.12）	（1.56）
Age	−0.030***	−0.032***	−0.031***
	（−13.31）	（−15.38）	（−14.83）
State	0.001**		
	（2.3）		
PPI	0.004***	0.005***	0.007***
	（7.13）	（6.06）	（8.16）
Cons	3.79***	3.91***	−0.680***
	（13.36）	（14.46）	（−7.49）
N	9 940	3 947	5 993
Chi2	1 114.21***	643.91***	1 844.83***

注：括号中为 z 值，***、**、*分别表示在 1%、5% 和 10% 水平上显著。

（3）主要变量的其他衡量指标

针对经济不确定性指数的度量，本书借鉴 Gulen 和 Ion（2016）的做法，采用加权平均法计算的季度经济政策不确定性指标（EPU_{t-1}'）进行计算，回归结果显示，不论是加权平均法还是年度平均法，其结果见表 5-10，也未出现实质性的差异。同时借鉴 John（2008）的观点，将风险承担水平改用 4 年期窗口计算，其结果也未出现明显差异，实证结果见表 5-10。因采用 4 年期滚动计算 RISK2，所以样本量减少至14 878 个。

表 5-10   稳健性检验的回归结果

项目	差分 GMM					
	全样本		国有组		非国有组	
	RISK2	EPU_{t-1}	RISK2	EPU_{t-1}	RISK2	EPU_{t-1}
L1.	0.850***	0.650***	0.808***	0.644***	0.825***	0.628***
	(28.28)	(27.01)	(19.96)	(16.96)	(17.85)	(16.52)
EPU_{t-1}	−0.00007***		−0.00007***		−0.00007***	
	(−4.05)		(−4.93)		(−4.22)	
EPU_{t-1}		−0.00001***		−0.00002***		−0.00002***
		(−2.82)		(−4.93)		(−2.64)
Stra	0.0004**	0.003**	.0004	0.004	0.0002**	0.0006**
	(2.20)	(1.99)	(0.01)	(1.43)	(2.24)	(2.20)
Stra× EPU_{t-1}	0.00001*	0.00001*	0.00001	−0.00001	0.00001**	0.00001**
	(1.68)	(1.84)	(0.49)	(−0.81)	(1.96)	(1.99)
First	−0.0002***	−0.0001*	−0.0002**	−0.0001***	−0.0004***	−0.0001**
	(−2.38)	(−1.84)	(−3.63)	(−2.14)	(−2.33)	(−2.35)
Size	−0.0001***	−0.001***	−0.001***	−0.001***	−0.001***	−0.0002***
	(−4.66)	(−4.48)	(−5.24)	(−5.44)	(−3.55)	(−2.75)
Leverage	0.011***	0.011**	0.027***	0.013***	0.007***	0.006***
	(7.72)	(7.70)	(7.66)	(5.99)	(4.19)	(3.82)
Growth	0.001*	0.001*	0.001	0.0007	0.001	0.001*
	(1.63)	(1.65)	(1.16)	(1.12)	(1.56)	(1.68)
Age	0.004***	0.004***	0.001	0.001	0.004***	0.004***
	(5.60)	(5.48)	(1.16)	(1.32)	(5.15)	(4.33)
State	−0.0001*	−0.001**				
	(−1.63)	(−2.21)				
PPI	0.005***	0.002***	0.005***	0.001***	0.005***	0.002***
	(7.93)	(14.19)	(5.96)	(8.20)	(5.70)	(10.83)
Cons	−0.483***	−0.147***	−0.537***	−0.104***	−0.491***	−0.180***
	(−6.77)	(−8.78)	(−5.03)	(−3.96)	(−4.99)	(−7.71)
N	14 878	20 806	6 440	9 945	8 438	10 860
Chi2	1 128.55***	1 186.16***	553.49***	2 800.71***	1 185.21***	2 876.89***

注：括号中为 z 值，***、**、*分别表示在 1%、5% 和 10% 水平上显著。

5.3 本章小结

战略本身就是企业应对未来环境不确定性的一种重要举措，自身存在着动态性，外部环境的压力可以促使企业进行战略变革，只有当企业的战略与外部环境和内部的条件相适应、相匹配时，有效的战略才能发挥作用，为组织提供持续的竞争优势并获得卓越的绩效，但是企业战略存在着差异，不同的战略不仅代表了企业的风险选择倾向也同时代表了企业不同的价值观。

从本章的实证检验结果来看，采用偏离行业均值越大的激进型公司战略可以削弱经济政策不确定性对企业风险承担的负向作用，但是这一削弱作用在国有企业并不显著。这说明，激进型战略的组织更多从不确定性中看到的是机遇，充分识别和把握其中的利好，以期获得更大的竞争优势，然而国有企业表现出的"稳健"第一的特征，在不确定性增加时，更多倾向于保守一些的策略，风险承担水平较低，因此回归结果中国有企业组公司战略的正向调节作用并不显著。公司战略的正向调节作用充分证明了Knight（1921）的观点"不确定性是企业利润的唯一来源，如果未来都可以预测，利润就消失了"，所以在不确定的环境下选择不同寻常的策略表现为对风险与项目的充分识别，当然也可能带来极大的损失。

本书的研究结论同时还意味着我国双创政策对企业的积极作用。激进的企业战略并不一定都是负向作用，它可以促使企业管理者把握那些具有正净现值的高风险、高回报的投资机会，这些机会往往对应着研发、创新等方面的高投入。党的十八届六中全会提出了创新、协调、绿色、开放、共享的发展理念，创新位于新发展理念之首，党中央、国务院出台了一系列政策、举措，优化创新环境，培育创新生态，推动企业走创新发展之路，实现技术创新、产品创新、工艺创新、营销创新、商业模式创新和组织创新等，这些创新从根本上还是要求企业经营发展战略要进行转变，不可墨守成规、不知变通。因此，本书的研究结论也间接证实了我国大力推动企业创新的政策对企业的积极作用，转变企业经营战略，提高风险承担水平，可以更好地提升企业价值。

第6章 经济政策不确定性、管理者
异质性与企业风险承担

新古典企业理论假定管理者是同质的，认为管理者之间可以相互替代，并且具备一切经济理性特征，但是行为金融学的研究表明，市场参与者个体并非总是理性的，他们的决策行为会受到心理、信念和偏好等个人内在因素的影响，这些个体的心理、信念和偏好等内在特征又与个体的背景特征密切联系（Nisbett 和 Ross，1980）。因此，高阶梯队理论则将管理者视为异质的有限理性人，强调高管个人特征对企业战略决策以及公司绩效的影响（Hambrick 和 Mason，1984）。因此，管理者个体行为的异质性会影响到公司的决策行为，本章选取微观因素——管理者异质性，从管理者权力、管理者能力和管理者过度自信三个特征分别考察经济政策不确定性对企业风险承担水平影响时人的因素影响程度。

6.1 研究假设

6.1.1 管理者权力、经济政策不确定性与企业风险承担

关于管理者权力与企业风险承担之间的关系历来存在争议，已有研究主要分为两个流派：一是基于"代理人风险规避假说"，认为管理者权力越大，企业风险承担水平越低，公司业绩波动越小；二是基于组织行为和群体心理学理论，认为管理者权力越集中，公司决策越极端，风险承担水平越高，公司业绩波动越大。

"代理人风险规避假说"认为，管理者的身份为股东的代理者，其收入的高低与职位的安全与否与公司业绩息息相关，管理者为了获取稳定的财富保持安全的职位，在公司决策过程中倾向于选择低风险的项目，尤其当管理者拥有较大的裁决权时，这种风险规避的倾向表现得越加明显。相关的理论文献（Wright等，1996）认为，管理者并不总是以"股东财富最大化"为目标，而是以"自我效用最大化"为目标，所以管理者会出于自身职位的安全与财富的稳定的考虑更加倾向于风险规避，选择低风险的决策项目。Mishra（2011）研究发现，一旦公司破产或者被接管，管理者就无法在金钱与非金钱方面更长时间地谋取私人收益，当环境不确定性很高时，管理者会降低风险减小损失来尽量避免上述情况的发生。当环境不确定性越来越高时，未来收益的可能性将存在越来越大的不确定性，这让以"自我效用最大化"为目标的管理者增加"延长"和"等待"的时间，以期减少企业的风险性项目投资，降低损失直至不确定性降低。

但是组织行为和管理心理学理论认为，与群体决策相比，个人决策更加极端和危险。这些理论的支持者认为，由于观点的多样化，要说服一大群人做出具有潜在风险的决定是非常困难的。因此，小组的最终决定更为温和，代表各小组成员达成共识的妥协（Kogan和Wallach，1965；Sah和Stiglitz，1986；Wu等，2011）。集体决策下，最终的结果往往是对大多数意见的一种妥协和折中，这种折中的决策表现出尽可能

地规避高风险项目，减小公司业绩的波动（Adams，2005；Cheng，2008）。陈本凤等（2013）认为，管理者权力过大，会不顾其他有异议的董事的意见，由此而产生的决策会增加极端业绩出现的可能性，使企业承担较大的风险。Adams等（2005）表明，管理者的权力对绩效变异性的影响在环境约束较少但管理自由裁量权更大的MFI$_s$公司更为明显。特别是在具有高度管理自由裁量权的公司和组织中，管理者的权力将导致风险承担。在复杂而不确定的环境以及信息不对称的情况下，管理者权力越大，越有可能选择激进型的公司战略，从而选择高风险性的投资项目。

基于以上分析，本章提出如下假设：

假设1：管理者权力越大越会弱化经济政策不确定性对企业风险承担的负向影响。

进一步考虑产权属性带来的差异，本书预期，相较于非国有企业，国有企业的管理者权力越大对不确定环境下企业风险承担的促进作用就会更小一些，这主要是基于以下两个方面的原因。

一方面，在政府的干预下，国有企业的经营目标被扭曲，并非企业价值最大化，更多地要承担国家的政策性负担，比如维持社会稳定，减少失业率，稳定税收等，因此为了保证这些政治或者社会目标的实现，当经济政策不确定性提高时，国有企业会更愿意等待政府安排，在经济政策信息未明确前，国有企业负责人并不会贸然行动；加之在中国现行的行政体系下，国有企业的管理者基于"政治晋升"的隐性激励，抱着"不求有功但求无过"的信念不会在不确定性高的时期冒险加大风险性项目投资，带来收益的不稳定，使自身晋升受到影响。因此，基于稳定性优先的考虑，他们更愿意采取稳健而保守的投资策略，否决那些风险较高的投资项目。

另一方面，国有企业的所有者缺位导致的代理问题也使得风险承担水平对经济政策不确定性更敏感。国有企业存在严重的内部人控制问题，内部人利用控制权谋取私利，产生败德行为。因此，国有企业的代理成本要高于非国有企业，经济政策不确定性大大增加了信息的不对称，国有企业更加愿意按照国家政策进行项目决策，以保证个人利益最大化，倾向于规避风险，降低风险承担水平。Morck（2013）发现国有银行能够更可靠地传递货币政策，国有银行借贷对政策的反应更敏感。那些更加依赖国有银行贷款的国有企业，其风险承担水平受政策不确定性的影响更大。

基于以上分析，本章提出以下待检验假设：

假设2：相较于非国有企业，国有企业的管理者权力越大对不确定环境下企业风险承担的促进作用更小一些。

6.1.2 管理者能力、经济政策不确定性与企业风险承担

早期的研究表明，管理者的特定特征，如能力、才华、声誉或者风格等，会影响企业的经济成果，因此这些特征对企业的决策行为会产生重要的影响。Hogan和Kaiser（2005）将领导技能视为一种衡量公司绩效的工具。人们对成功管理者的讨论通常与"他的管理能力"相联系（Raelin和CoolEdge，1995），Boyatzis（2008）将管理者能力定义为与有效和卓越工作相关的个人特征，具体反映了管理者的认知水平和处理复杂事务的能力，主要借助于与自身相关的技能、知识和经验。

不同的管理者能力反映出不同的认知水平以及不同的处理复杂事务的能力，对企业风险承担的影响表现在两个方面：一是风险承担的意愿；二是风险承担的能力。

企业风险承担水平的高低反映了管理者在决策过程中对那些风险高又能带来正向收益流投资项目的选择，而这种选择取决于管理者对风险承担的意愿与能力，二者缺一不可，仅有风险承担意愿没有能力，决策仅仅停留在美好的愿景中，有能力又缺乏意愿，结果是错失良机，而那些能力强的管理者便表现出既有风险承担的意愿，同时又拥有风险承担的能力，最终形成了企业的管理者人才的竞争优势。

与能力弱的管理者相比，能力强的管理者尤其表现在复杂环境中对事物的识别判断与处理上。能力强的管理者在不确定性的环境中更多看到的是蕴藏的机遇与获利的可能性，能够评估出潜在的投资机会，更加倾向于承担高风险进行积极创新，研发新产品、开发新项目、整合旧资源实现新的资源优势以实现企业成长，而能力弱的管理者在不确定性的

环境中更多看到的是损失，倾向于规避风险，降低损失；另外，能力强的管理者为了证明自己也需要高风险、高收益项目的帮助，只有更高的收益才能体现自身的水平与能力。因此，管理者能力越强越有意愿进行风险承担。

能力强的管理者凭借自身的技能、知识和经验的积累，有很好的风险控制能力。当外部环境不确定性较高时，高能力者可以通过有效的制度设计来增强对环境的认知以及提高对预测变化的应对，对高风险项目在实施过程中遇到的部分风险可以很好地加以控制，以保证项目的继续实施。同时，高能力的管理者尤其表现在较强的学习能力与变通能力上，能够吸收其他企业风险控制失败的经验，借鉴、模仿成功者的经验，从而提高自身风险控制的能力，能够保证项目顺利进行。而能力弱的管理者在遇到复杂的环境和状况时，应对能力有限，难以控制项目实施过程中的风险因素，恐会出现难以应付的局面，造成企业不可挽回的损失。因此，管理者能力越强就会表现出越强的风险控制能力。

总体而言，管理者的能力会影响组织的绩效，因为个人越具有特定的特质，他/她就越表现出某种影响他/她的绩效的行为，并且根据工作需求和工作情况，这些能力会结合并共同影响整体公司决策行为（Korzaan 和 Boswell，2008），建立和激励高绩效的团队。能力强的管理者表现出高度的自信和自尊，以激励下属分享共同的愿景（Blais 和 Weber，2006），从而实现企业整体目标。

基于以上分析，本章提出以下待检验假设：

假设 3：管理者能力强会促进经济政策不确定性对企业风险承担的正向影响。

本书进一步考虑产权属性带来的差异，由于上文对国有企业与非国有企业的差异做了分析，此处不再赘述，本书提出以下待检验假设：

假设 4：相较于非国有企业，国有企业的管理者能力对不确定环境下企业风险承担水平的促进作用更小一些。

6.1.3 管理者过度自信、经济政策不确定性与企业风险承担

虽然有研究认为管理者过度自信会对企业造成不利后果，例如 Roll

（1986）、Malmendier等（2005，2008）、Lin等（2005）实证检验得出结论：过度自信的管理者常常会选择次优决策方案，最终导致企业价值的损失，但现实情况是仍然有许多公司会雇佣过度自信的经理。理论研究表明，过度自信可以通过增加对风险性项目的投资而使股东受益，并且在创新项目上投资更多，获得更多专利，在既定的研发支出上取得更大的创新成功。

有关公司财务方面的文献研究了管理者的心理偏见或特征如何影响公司决策（例如，Bertrand和Schoar，2003；Baker、Pan和Wurgler，2009）。David等（2012）将过度自信定义为个人在能力、判断力或未来的成功等方面表现出比实际情况要好的倾向，对未来成功的预判表现出过度自信，也就是我们常常认为的"乐观"。理论研究分析了过度自信存在的原因（Benabou和Tirole，2002；Vanden Steen，2004），心理学研究表明，包括专家在内的人们往往在各种维度上过于自信，但在信心程度上存在着实质性和持久性的个体差异（Weinstein，1980；Wagenaar和Keren，1986；Brenner等，1996；Puri和Robinson，2007）。

一方面，过度自信的管理者往往高估不确定性环境努力下的预期净收益。过度自信个体的一般表现特征为高估自身的能力，他们总是会认为在不确定的环境中，自己拥有更丰富、更准确的判断力，自信地认为自己有足够的掌控力来控制不利事件的发生，自己成功的概率要大于别人（Cooper等，1988），因此，过度自信的管理者要么因为他们总是倾向于期望良好的结果，要么是因为高估了自身能力带来成功的功效，对不确定环境下的预期净收益高估，表现在实际的决策行为中是对高风险、高挑战和对人才和愿景敏感的企业尤其热情，他们往往会采用新方法、开发新技术或者提供新产品，承担了更大的企业风险。

另一方面，风险性项目与管理者过度自信潜在匹配。高风险承担水平意味着那些高风险项目，表现出投资周期长、投资难度大、投资不确定性大，不论是新技术、新方法、新服务这类项目均有以上特征，具有极大的风险性与挑战性。而过度自信的管理者对这类项目是具有极大潜力的，Merrow等（1981）认为，管理者过度自信会表现出过于乐观低估设备的投资成本，而实际成本却是他们所预计成本的两倍之多；

Statman 等（1985）还认为，过度自信的管理者在销售预测方面也存在着过度乐观的倾向，从而会低估企业陷入财务困境的可能性。因此，管理者过度自信对风险性项目有巨大的潜力，同时，这样的项目对过度自信的管理者能产生巨大的吸引力。

基于以上分析，本章提出以下待检验假设：

假设5：过度自信的管理者会弱化经济政策不确定性对企业风险承担的负向影响。

本章进一步考虑产权属性带来的差异，由于上文对国有企业与非国有企业的差异做了分析，此处不再赘述，本章提出以下待检验假设：

假设6：相较于非国有企业，国有企业的管理者过度自信对不确定环境下企业风险承担水平的促进作用更小一些。

6.2 研究设计

6.2.1 样本选择与数据来源

本书初始样本为2007—2018年在沪深证券交易所上市的所有A股上市公司。为了保证样本的可比性与实证结果的有效性，在此基础上剔除了以下几类公司：（1）金融保险类上市公司。由于这类公司其商业模式有别于非金融类企业，在财务报表上的要求不一样，所以财务报表结构和主要会计项目也异于一般行业。（2）ST类公司。这类企业大多在异常的状态下经营，与一般企业不具可比性。（3）有缺失值的企业。上市不足3年以及经数据库和手工收集仍然存在缺失值的企业，在不损害样本有效性的前提下剔除。本书所使用的数据，除了Baker（2013）构建的经济政策不确定性指数来自"经济政策不确定性"网站（http://www.policyuncertainty.com）外，其余数据均来自CSMAR数据库、WIND数据库以及各省统计年鉴，数据库中有缺失的信息经手工从年报中摘取补充，共获得20 008个观测值。最后，本书对所有连续性变量在1%的水平上进行了winsorize处理，以避免极端值造成的异常影响。

6.2.2　模型构建与变量说明

为了检验管理者权力、管理者能力和管理者过度自信三者对经济政策不确定性与企业风险承担关系影响中的调节效应，同时考虑当期风险承担水平会受到上一期风险承担水平的影响，本书使用包含企业风险承担滞后项的动态面板数据估计模型，其中模型 6.1 用来检验假设 1 与假设 2；模型 6.2 用来检验假设 3 与假设 4；模型 6.3 用来检验假设 5 与假设 6，具体模型如下所示：

$$RISK_{i,t} = \alpha_0 + \alpha_1 RISK_{i,t-1} + \beta_1 EPU_{t-1} + \beta_2 Power + \beta_3 Power \times EPU_{t-1} + \beta_4 Control_{i,t} + \lambda_i + \varepsilon_{i,t} \qquad (6.1)$$

$$RISK_{i,t} = \alpha_0 + \alpha_1 RISK_{i,t-1} + \beta_1 EPU_{t-1} + \beta_2 Abil + \beta_3 Abil \times EPU_{t-1} + \beta_4 Control_{i,t} + \lambda_i + \varepsilon_{i,t} \qquad (6.2)$$

$$RISK_{i,t} = \alpha_0 + \alpha_1 RISK_{i,t-1} + \beta_1 EPU_{t-1} + \beta_2 OC + \beta_3 OC \times EPU_{t-1} + \beta_4 Control_{i,t} + \lambda_i + \varepsilon_{i,t} \qquad (6.3)$$

其中，i 表示不同企业，t 表示不同年份，RISK 为企业风险承担水平，采用分行业、分年份对公司 ROA 调整后的盈利波动性来衡量，具体算法见第 3 章公式（3.1）、（3.2）和（3.3）；考虑到经济政策对投资项目的影响并不会在当期立即显现，往往会有一定的滞后期，所以本书采用滞后一期的 EPU 表示经济政策不确定性（Baker 等，2013）。

模型中所涉及的主要变量的具体测度方法如下：

1.管理者权力（Power）

本书参考 Finkelstein（1992）、Krista（2012）和李海霞等（2015）对管理者权力的度量模型，并结合我国资本市场以及上市公司的实际情况，从位置权力、所有者权力、专家权力以及自主决策权力四个维度加以度量。

维度一位置权力。在企业进行决策时，职位的不同直接决定了最终的决策权，总经理的职位本身就象征着企业经营决策的高权力，如果在企业的组织结构中，总经理兼任董事长，那么有关企业一切事务的决策权将进一步得到放大，总经理的权力也越大。因此，本书用总经理是否兼任董事长一职这个虚拟变量来衡量位置权力。

维度二所有者权力。当总经理既是管理者又是企业的所有者时，其参与公司经营决策以及战略规划等事项时主动性会进一步增强，同时，当总经理的另一层身份是公司的创始人时，参与公司重大决策的权力会更加强大。因此，本书采用总经理是否为公司创始人这一虚拟变量来衡量所有者权力。

维度三专家权力。较高的学历或者高职称，往往会得到管理层其他成员的认可与支持，在我国，特别是具有博士研究生以上学历、教授级高级职称甚至享受国务院政府特殊津贴的这部分专家，在复杂多变的市场环境中参与重大决策的制定时会得到较高的认可与支持，方案也更具权威性和科学性。所以，本书使用总经理是否具有博士研究生以上学历或者是否具有高级职称两个虚拟变量来度量总经理的专家权力。

维度四自主决策权力。董事会成员中，独立董事要比内部董事独立性更强，更能起到对管理者的监督作用，因此较多的独立董事人数会降低管理者自主决策的权力，本书选取董事会成员中独立董事所占比例是否低于行业均值来度量管理者自主决策权力。

对Power的度量将使用以上四个维度五个虚拟变量值，取值范围在0~5之间，具体度量方法见表6-1。

表6-1 　　　　　　　　　　　**管理者权力度量方法**

项目	维度	名 称	具体度量
管理者权力（Power）	位置权力	Power-1	当总经理兼任董事长时取1，否则为0
	所有者权力	Power-2	当总经理为公司创始人时取1，否则为0
	专家权力	Power-3	当总经理具有博士研究生以上学历时取1，否则为0
		Power-4	当总经理具有高级职称时取1，否则为0
	自主决策权力	Power-5	当独立董事人数低于行业均值时取1，否则为0

2.管理者能力（Abil）

本书重点参考Dermerjian等（2012）对管理者能力的测度方法，运用数据包络分析法（DEA），通过将管理者对企业效率的影响力从企业全效率中分离出来进行估算。虽然关于管理者能力的度量方法有很多种，但是从度量的科学性以及数据的可获取性上来说，Dermerjian 等人的度量方法运用最为广泛，该方法中所涉及的数据皆可从上市公司财务报告中获取，因而被大量运用在经济、统计、管理、医药等各行各业。因此，本书也采用 Dermerjian 等（2012）的做法，利用数据包络分析法估算管理者能力（Abil）。

使用 DEA 方法时，有两点我们不能忽视：一是该方法需要足够多的观察结果来提供有效的估计（本书的样本观测值超过 20 000 个）；二是需要分行业来估算 DEA 效率值，因为同一行业的企业在将投入转化为产出的过程中会拥有相似的技术与业务结构，并且随着时间的推移，行业的业务模型很可能会保持相对的稳定性，所以，基于以上两方面的考虑，本书按行业而不是按年划分样本。

用 DEA 方法估算管理者能力共分为两步：第一步分行业计算公司的全效率；第二步从公司全效率中分离出管理者的贡献值。

第一步先确定公司的投入与产出，本书借鉴 Dermerjian 等（2012）的做法建立如下模型 6.4：

$$\max \theta = (Sales) \times (\varphi_1 OpC + \varphi_2 SeM + \varphi_3 PPE + \varphi_4 OpsL + \varphi_5 RD + \varphi_6 Goodwill + \varphi_7 Other)^{-1} \tag{6.4}$$

其中，$\max \theta$ 为公司全效率值，Sales 为营业收入，OpC 为营业成本，SeM 为销售费用和扣除经营租赁费后的管理费用之和，PPE 为企业固定资产净值，OpsL 为经营租赁费用，RD 为研发费用，Goodwill 为商誉，Other 为除商誉外的无形资产。上述变量中，Sales、OpC、SeM 为本期期间数，PPE、Goodwill、Other 为本期期初数，OpsL、RD 来自财务报表附注。采用 DEA 软件，按照模型 6.4 计算出的企业效率值介于 0 到 1。

第二步采用 Tobit 模型 6.5，并进行双向 Cluster 修正，估计出模型 6.5 中的参数，结合第一步中估算出的效率值，残差项 e 即为最终的管理者能力值。

$$FirmEfficiency = \alpha_0 + \alpha_1 Lnsize + \alpha_2 Ms + \alpha_3 Fcf + \alpha_4 Lnage + \alpha_5 Sc + \alpha_6 Oco + year + e \tag{6.5}$$

模型 6.5 中，引入了影响企业效率的六个特征值。企业规模（Lnsize），取值为期末总资产的自然对数；企业市场份额（Ms），取值为分年份、分行业计算的销售额比重；现金可用性（Fcf），当公司存在正向现金流时取 1，否则为 0；生命周期（Lnage），取值为企业上市年数的自然对数；运营的复杂性（Sc），用公司销售的集中度表示；国外业务（Oco），当公司拥有海外经营子公司时取 1，否则为 0；year 表示年度虚拟变量。通过对以上影响企业效率的六个特征进行回归，将企业总的效率分解为企业效率和管理者的能力，回归部分为企业效率，残差项 e 就是我们估算出的管理者能力。

3. 管理者过度自信（OC）

已有文献对管理者过度自信的度量主要从管理者一些过度自信表现出的行为来作为替代变量，如 Malmendier 和 Tate（2005，2008）采用管理者个人持有股票期权的行权状况和主流媒体对管理者的评价度量，Schrand 和 Zechman（2008）利用管理者的个人特征和高管的薪酬比例度量，Doukas 和 Petmezas（2006）以管理者实施并购的次数来反映管理者的过度自信特征，Lin 等（2005）使用了企业盈利的预测偏差。结合我国资本市场的实际情况以及数据的可获取性，本书参考 Schrand 等（2008）、余明桂等（2013）的做法，以管理者的多项个人特征综合度量作为管理者过度自信的替代变量，数据搜集过程中将管理者定义为上市公司的总经理。

本书考察的管理者个人特征主要有以下五项：第一项两职合一。若总经理兼任董事长，这会潜在地增加总经理决策的权力，另外，董事会授予总经理董事长的职位，也表示了对总经理的认可和支持，无形中会增加总经理的自信行为，进而表现在投资决策中，因此，若总经理两职合一，OC-1 赋值为 1，否则为 0。第二项性别。心理学研究表明，相较于男性，女性表现得更加谨慎、更加保守，这一结论也被大量学者论证，男性表现出比女性更大的冒险精神，更强的风险承担能力。因此，若总经理为男性，OC-2 赋值为 1，女性赋值为 0。第三项年龄。管理者年岁越高，出于自身职位的稳定与上升考虑，并不会轻易冒险选择高风险项目，而年轻的管理者，更愿意冒较大的风险换取较大的收益，以期证明自身的能力，所以年轻的管理者表现出更大的自信心，若总经理的年龄小于样本均值，OC-3 赋值为 1，否则为 0。第四项学历。更高的学历让管理者对事物分析与判断的准确性和科学性能力增加，做决策时将表现得更加自信，另外，高学历的总经理也更能得到其他管理者的认可与支持，这无形中增长了总经理的自信程度。所以，本书对样本分析，若总经理拥有本科及以上学历，OC-4赋值为1，否则为0。第五项教育背景。拥有经济或管理类专业背景的管理者，对风险与收益的理解可能更加深刻（姜付秀等，2009），因此，这种类型的管理者决策时更多的是理性判断、科学决策，过度自信的意气用事会更少发生。因此，若管理者拥有经济或者管理类专业背景，OC-5赋值为1，否则为0。

以上五种个人特征都能从某一侧面反映管理者的过度自信特点，因此，本书将以上五个特征值取总数后，大于等于4时，定义为过度自信，OC综合值赋值为1，否则为0，即兼具以上四种或者五种特征时为过度自信，具体度量方法见表6-2。

表6-2 管理者过度自信度量方法

项目	特征	名称	具体度量
管理者过度自信（OC）	两职合一	OC-1	当总经理兼任董事长时取1，否则为0
	性别	OC-2	当总经理为男性时取1，否则为0
	年龄	OC-3	当总经理年龄大于样本均值时取1，否则为0
	学历	OC-4	当总经理具有本科及以上学历时取1，否则为0
	教育背景	OC-5	当总经理有经济或管理类专业背景时取1，否则为0

4.其他控制变量

Control为影响企业风险承担的微观与宏观变量，微观变量主要是企业层面的变量（参考Jone等，2008；Faccio等，2011a、2011b；余文桂等，2013），有杠杆率（leverage），企业成长性（Growth），企业规模（Size），第一大股东持股比例（First），企业年龄（Age），企业产权性质（State），宏观层面变量主要是工业品出厂价格指数（PPI）。具体含义及度量方法见表6-3。

模型中被解释变量滞后阶数的选择，主要以保证差分广义矩估计下的残差项不存在二阶自相关为标准。为了保证估计结果的一致性，本书对上述模型均采用广义矩估计（GMM），另外，模型6.1、模型6.2、模型6.3对季节和行业个体效应λ_j进行了控制，系数检验均采用稳健标准误。

表6-3　　　　　　　　　研究变量定义与度量方法

变量	含义	度量方法
RISK	企业风险承担	每一观测时段内经行业调整的ROA的标准差
EPU	经济政策不确定性	全年EPU月度数据的算术平均数
Power	管理者权力	衡量总经理权力的四个维度之和
OC	管理者过度自信	总经理的一些个人特征的综合评价指标
Abil	管理者能力	参照Dermerjian等（2012），采用DEA分阶段计算
Growth	企业成长性	企业营业收入的年增长率
Leverage	杠杆率	总负债与总资产的比例
Size	企业规模	总资产的自然对数
First	控股股东持股	企业第一大股东年末的持股比例，小于20%的均赋值为0
Age	企业年龄	企业成立年限加1后取自然对数
State	所有权性质	若第一大股东所持股份性质为国有，取值为1，否则为0
PPI	生产价格指数	工业品出厂价格指数

6.2.3　描述性统计与相关性分析

1.描述性统计

表6-4分别对主要的宏观层面和企业层面的变量进行了描述性统计。在观测样本中，RISK1的最大值为0.172，最小值为0.002，平均值为0.035，标准差0.032。宏观经济政策不确定性指数（EPU）的均值为203.369，最大值364.833，最小值82.245，PPI的平均值为100.696，最大值106.900，最小值94.600。

表6-4 主要变量的描述性统计特征

A-企业层面变量

变量	观察值	平均值	标准差	中位数	最小值	最大值	p25	p75
RISK1	20 008	0.035	0.032	0.024	0.002	0.172	0.013	0.047
Power	20 008	3.220	1.114	3	0	5	2	4
OC	20 008	0.327	0.469	0.000	0.000	1.000	0.000	1.000
Abil	20 008	−0.007	0.169	−0.044	−0.452	0.965	−0.118	0.067
Growth	20 008	0.229	0.601	0.124	−0.607	4.429	0.016	0.302
Leverage	20 008	0.452	0.218	0.449	0.047	1.010	0.282	0.615
Size	20 008	21.979	1.301	21.820	19.118	25.851	21.059	22.729
First	20 008	35.451	15.276	33.490	0.290	89.990	23.380	45.980
Age	20 008	3.079	0.251	3.091	2.398	3.611	2.944	3.296
State	20 008	0.448	0.497	0.000	0.000	1.000	0.000	1.000

B-宏观层面变量

变量	观察值	平均值	标准差	中位数	最小值	最大值	p25	p75
EPU	12	203.369	100.273	179.041	82.245	364.833	123.635	244.398
PPI	12	100.696	4.416	98.600	94.600	106.900	98.100	106.000

在控制变量方面，上市公司资产负债率平均值为0.452，这说明公司的平均负债水平为45.2%；第一大股东持股比例处理后的平均值为35.45%，这表明第一大股东持股比例较高，大多上市公司的股权集中度较高；控制人身份为国有资本的上市公司约占样本总数的44.8%，变量Growth的平均值为0.229，代表样本企业销售收入增长率平均值为22.9%，有着较好的成长性。

表6-5对管理者权力（Power）的四个维度指标做了具体的描述性统计，结果显示：

首先，位置权力指标，平均值为0.562，这说明总经理兼任董事长的情况较为普遍，管理者表现出的位置权力较明显。

表6-5 管理者权力的描述性统计特征

维度	观察值	平均值	标准差	中位数	最小值	最大值	p25	p75
Power-1	20 008	0.562	0.367	1	0	1	0	1
Power-2	20 008	0.204	0.103	0	0	1	0	0
Power-3	20 008	0.050	0.008	0	0	1	0	1
Power-4	20 008	0.485	0.119	0	0	1	0	1
Power-5	20 008	0.639	0.130	1	0	1	0	1
Power	20 008	3.220	1.114	3	0	5	2	4

其次，所有者权力指标均值为0.204，中位数为0，最大值为1。这反映出总经理同时是公司创始人身份的情况较少，另外，根据样本的具体分布，这一情况多见于创业板上市公司。

再次，从总经理是否具有高学历、是否具有高级职称两方面度量专家权力的指标来看，二者的平均值分别为0.050和0.485，最大值最小值均为1和0。这反映出在我国上市公司中，获得博士研究生以上学历的总经理占比非常低，具有高级职称的总经理占比也不过半，这与我国的实际情况是吻合的。

最后，自主决策权力指标的平均值为0.639，反映出上市公司董事会成员中独立董事的人数普遍低于行业均值，对管理者自主决策权力的影响不大，因此，管理者的自主决策权力还是非常大的。

综合来看，管理者权力（Power）平均值为3.220，最大值5，最小值0，25%分位数为2，数据呈现出右态分布。

为了进一步了解样本公司管理者权力随时间变化的情况，本书对Power综合值按年进行综合平均并加以统计，变化趋势如表6-6、图6-1所示。

表6-6 管理者权力年度均值时间统计表

年份	2007	2008	2009	2010	2011	2012	2013	2014	2015	2016	2017	2018
Power	3.825	3.931	4.012	4.321	4.354	4.296	4.241	4.232	4.341	4.401	4.443	4.445

从图6-1可以看出，2007年到2018年间，上市公司管理者权力呈现出总体上升的趋势，2011年之后，总体保持在4.3左右。

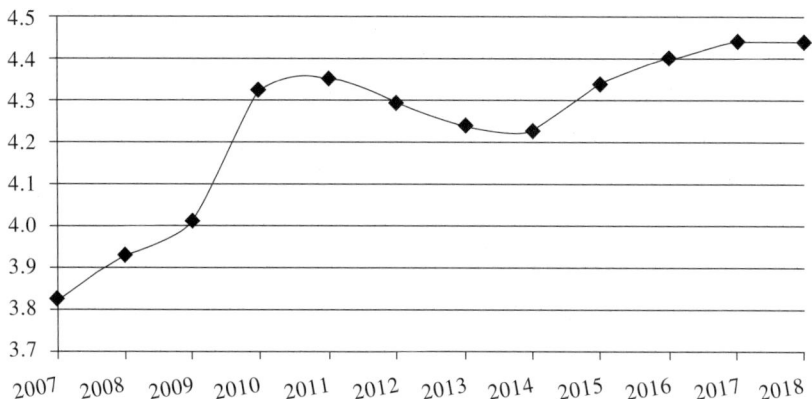

图6-1　管理者权力变化趋势图

表6-7对管理者过度自信（OC）的五个特征做了具体的描述性统计，并对总经理的特征做了结构性分析，如图6-2所示，结果显示：总经理两职合一的情况占到样本总数的23.70%，男性总经理占大多数，为94.10%，从总经理的年龄上看，低年龄组要比高年龄组多出10多个百分点，低年龄的总经理要多一些，本科以上学历的总经理占样本总数的60.90%，另外，有经济或者管理类专业背景的总经理占比非常少，仅有9.20%，这也与我国的实际情况吻合，我国上市公司有相当多的总经理为技术出身，尤其体现在制造业中。管理者过度自信综合值OC的均值为0.088，标准差0.238，在20 008个样本观测值中，过度自信的样本只有1 760个，占总样本的8.8%，这说明过度自信的管理者仍然是少数，这将使得分析这一变量所带来的调节作用显得更有意义。

表6-7　　　　　管理者过度自信的描述性统计特征

维度	观察值	平均值	标准差	中位数	最小值	最大值	p25	p75
OC-1	20 008	0.237	0.425	0	0	1	0	0
OC-2	20 008	0.941	0.236	1	0	1	0	0
OC-3	20 008	0.413	0.492	0	0	1	0	1
OC-4	20 008	0.609	0.488	1	0	1	0	1
OC-5	20 008	0.092	0.289	0	0	1	0	0
OC	20 008	0.088	0.238	0	0	1	0	0

5.90% 94.10%	■男性 ▨女性
23.70% 76.30%	■两职合一 ▨非两职合一
41.30% 58.70%	■高年龄 低年龄
39.10% 60.90%	■高学历 低学历
9.20% 90.80%	■经管专业 非经管专业
8.80% 91.20%	■过度自信 非过度自信

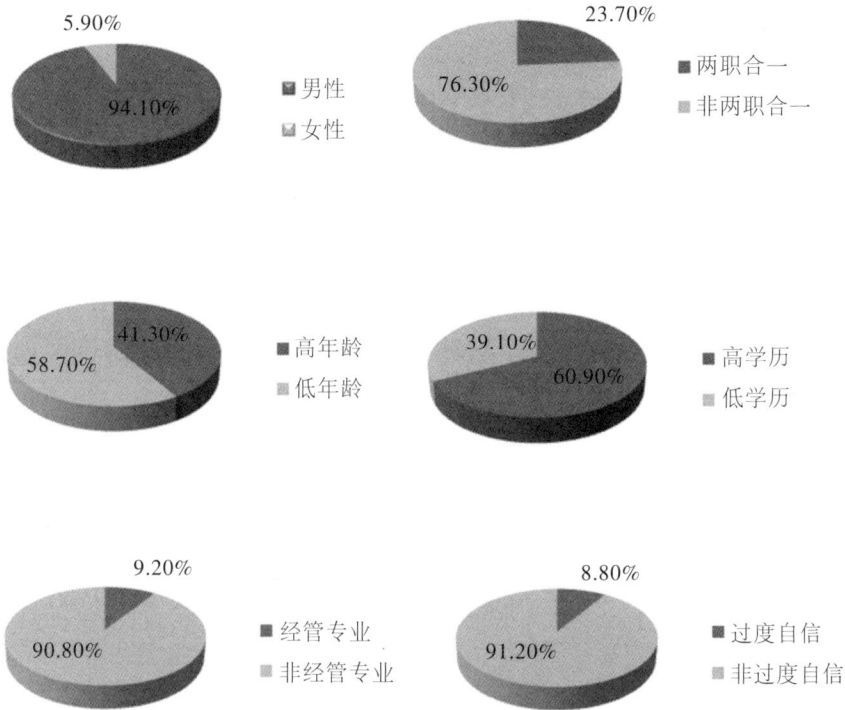

图 6-2　管理者过度自信特征分布

表 6-8 中的 A 组提供了公司效率估计的汇总统计数据，这是本书做后续回归分析的起点。DEA 将企业效率度量限制在 0 到 1 之间，表 6-8 中报告的平均值为 0.509，中位数为 0.470，标准差为 0.175。

本书按行业评估企业效率，因为同一行业的企业具有将投入转化为产出的类似技术和业务结构。另外，金融保险类公司的资产结构和盈利流程有其特殊性，本书将其排除在样本观察值之外。表 6-8 的 B 组按行业列出了企业效率的汇总统计数据，各行业的公司效率差异很大，卫生社会保障类平均值最低为 0.397，房地产和建筑业平均值最高分别为 0.693 和 0.687。

根据模型 6.5，这一估计的残差部分便是我们对管理者能力的衡量。表 6-9 给出了汇总统计结果，A 组提供了管理者能力的平均值为 -0.007，标准差 0.169，中位数为 -0.044，这一结果与 Dermerjian 等（2012）以美国公司为样本测度的结果基本上是一致的，美国样本公司管理者能力的

表6-8 公司全效率描述性统计特征

A-公司全效率					
变量	观察值	平均值	标准差	p25	中位数	p75
Firm Efficiency	20 008	0.509	0.175	0.392	0.470	0.589

B-分行业公司全效率					
行业						
农林牧渔业	419	0.453	0.129	0.369	0.441	0.525
采矿业	594	0.498	0.173	0.378	0.467	0.574
制造业	13 588	0.468	0.142	0.379	0.444	0.533
电力燃气	825	0.608	0.206	0.442	0.579	0.760
建筑业	635	0.687	0.193	0.524	0.666	0.850
交通运输	1 411	0.591	0.186	0.447	0.573	0.710
信息计算机	838	0.630	0.206	0.469	0.604	0.768
批发零售	109	0.508	0.168	0.393	0.488	0.616
住宿餐饮	1 393	0.534	0.180	0.418	0.491	0.611
房地产	1 197	0.693	0.207	0.551	0.688	0.859
技术服务	283	0.578	0.217	0.411	0.557	0.705
水利公共设施	167	0.490	0.152	0.396	0.468	0.591
居民服务	231	0.450	0.154	0.353	0.439	0.525
教育	107	0.614	0.228	0.454	0.523	0.847
卫生社会保障	75	0.397	0.053	0.359	0.402	0.432
文化体育	89	0.489	0.085	0.433	0.497	0.554
公共管理	266	0.530	0.188	0.400	0.466	0.656
国际组织	247	0.536	0.193	0.411	0.482	0.613

均值为-0.004，标准差为0.149，中位数为-0.013。B组为管理者能力在分行业后的统计结果，居民服务类公司的管理者能力平均值最小为-0.061，房地产和建筑业平均值最大，分别为0.155和0.144。

表6-9 管理者能力描述性统计特征

A-管理者能力

变量	观察值	平均值	标准差	p25	中位数	p75
Abil	20 008	−0.007	0.169	−0.118	−0.044	0.067

B-分行业管理者能力

行业						
农林牧渔业	419	−0.048	0.125	−0.126	−0.063	0.017
采矿业	594	−0.048	0.177	−0.167	−0.081	0.027
制造业	13 588	−0.037	0.140	−0.125	−0.059	0.025
电力燃气	825	0.070	0.190	−0.081	0.048	0.203
建筑业	635	0.144	0.197	−0.014	0.113	0.301
交通运输	1 411	0.070	0.176	−0.068	0.050	0.181
信息计算机	838	0.098	0.205	−0.067	0.065	0.249
批发零售	109	0.011	0.184	−0.098	−0.019	0.103
住宿餐饮	1 393	0.046	0.192	−0.078	0.003	0.122
房地产	1 197	0.155	0.198	0.006	0.142	0.302
技术服务	283	0.060	0.205	−0.099	0.012	0.207
水利公共设施	167	−0.007	0.150	−0.111	−0.024	0.087
居民服务	231	−0.061	0.149	−0.151	−0.079	0.017
教育	107	0.092	0.231	−0.076	−0.002	0.341
卫生社会保障	75	−0.177	0.063	−0.223	−0.199	−0.145
文化体育	89	−0.043	0.093	−0.110	−0.015	0.023
公共管理	266	0.018	0.194	−0.130	−0.043	0.139
国际组织	247	0.034	0.194	−0.091	−0.031	0.124

2.相关性分析

表6-10、表6-11、表6-12为模型6.1、模型6.2、模型6.3中所涉及主要变量的Pearson相关系数矩阵。矩阵中，本书关注的核心解释变量

经济政策不确定性指数EPU_{t-1}与企业风险承担水平RISK1之间显著负相关，这表明，经济政策不确定性升高时，会导致企业下一期风险承担水平降低，管理者权力指数Power与企业风险承担水平RISK1之间关系不强，管理者权力似乎对企业风险承担水平的影响不明显。另外，企业风险承担水平与宏观控制变量间表现为正相关关系，在微观企业层面的控制变量中，除了企业规模、第一大股东的持股比例与风险承担水平间为负相关关系外，其余均为正向关系。

表6-10　　　　　　　　模型6.1主要变量Pearson相关系数

Items	RISK1	EPU_{t-1}	Power	First	Size	Leverage	Growth	Age	PPI
RISK1	1								
EPU_{t-1}	−0.124***	1							
Power	−0.000	0.037***	1						
First	−0.080***	−0.045***	−0.050***	1					
Size	−0.281***	0.115***	−0.139***	0.248***	1				
Leverage	0.063***	−0.080***	−0.142***	0.052**	0.376***	1			
Growth	0.060***	0.039***	0.012*	0.029***	0.048***	0.046***	1		
Age	0.100***	−0.108***	−0.146***	−0.113***	0.042***	0.271***	0.000	1	
PPI	0.067***	0.236***	−0.010	0.002	−0.036***	0.027***	0.083***	0.039***	1

注：***、**、*分别表示在1%、5%和10%水平上显著。

表6-11　　　　　　　　模型6.2主要变量Pearson相关系数

Items	RISK1	EPU_{t-1}	OC	First	Size	Leverage	Growth	Age	PPI
RISK1	1								
EPU_{t-1}	−0.130***	1							
OC	−0.018**	0.096***	1						
First	−0.082***	−0.042***	−0.075***	1					
Size	−0.264***	0.102***	−0.057***	0.200***	1				
Leverage	0.064***	−0.069***	−0.074***	0.043**	0.402***	1			
Growth	0.060***	0.032***	0.031*	0.023***	0.048***	0.047***	1		
Age	0.101***	−0.097***	−0.109***	−0.118***	0.076***	0.282***	0.000	1	
PPI	0.066***	0.223***	−0.034***	0.005	−0.043***	0.006	0.083***	0.020***	1

注：***、**、*分别表示在1%、5%和10%水平上显著。

表6-12　　　　　　　　模型6.3主要变量Pearson相关系数

Items	RISK1	EPU$_{t-1}$	Abil	First	Size	Leverage	Growth	Age	PPI
RISK1	1								
EPU$_{t-1}$	-0.130***	1							
Abil	0.023***	-0.187***	1						
First	-0.082***	-0.042***	0.113***	1					
Size	-0.264***	0.102***	0.009	0.200***	1				
Leverage	0.064***	-0.069***	0.034***	0.043**	0.402***	1			
Growth	0.060***	0.032***	0.146***	0.023***	0.048***	0.047***	1		
Age	0.101***	-0.097***	0.034***	-0.118***	0.076***	0.282***	0.000	1	
PPI	0.066***	0.223***	-0.027***	0.005	-0.043***	0.006	0.083***	0.020***	1

注：***、**、*分别表示在1%、5%和10%水平上显著。

本书对三个模型中涉及的所有变量进行了VIF检验，见表6-13、表6-14、表6-15，模型6.1的各变量方差膨胀系数均小于3.5，模型6.2、模型6.3的都小于1.5，综合系数都远远小于10，这说明变量间不存在严重的多重共线性问题。

表6-13　　　　　　　　模型6.1各变量方差膨胀系数

variable	VIF	1/VIF
EPU$_{t-1}$	2.18	0.4597
Power	1.08	0.9236
First	1.05	0.8685
Size	1.36	0.7329
Leverage	1.39	0.7180
Growth	1.03	0.9693
Age	1.53	0.6522
PPI	3.25	0.2023
Mean VIF	2.43	

表6-14 模型6.2各变量方差膨胀系数

variable	VIF	1/VIF
EPU$_{t-1}$	1.11	0.9014
OC	1.03	0.9706
First	1.08	0.9223
Size	1.30	0.7719
Leverage	1.30	0.7690
Growth	1.01	0.9882
Age	1.11	0.8995
PPI	1.07	0.9346
Mean VIF	1.13	

表6-15 模型6.3各变量方差膨胀系数

variable	VIF	1/VIF
EPU$_{t-1}$	1.14	0.8806
Abil	1.08	0.9291
First	1.09	0.9196
Size	1.29	0.7722
Leverage	1.30	0.7689
Growth	1.03	0.9673
Age	1.11	0.9042
PPI	1.07	0.9369
Mean VIF	1.14	

6.2.4 实证分析

1.管理者权力、经济政策不确定性与企业风险承担

模型6.1的回归结果见表6-16、表6-17。为了保证参数估计的有效性，回归采用差分GMM进行估计，模型中除了控制可能影响企业风险承担水平的企业特征变量外，还控制了年度与行业效应，扰动项二阶自相关以及工具变量过度识别检验结果见表6-17，扰动项二阶均无自相

表6-16　　　　　　　　基于管理者权力调节效应的回归结果

项目	差分GMM					
	全样本		国有组		非国有组	
	（1）	（2）	（3）	（4）	（5）	（6）
L1.	0.636***	0.635***	0.638***	0.639***	0.608***	0.608***
	（31.18）	（31.22）	（19.45）	（19.48）	（21.09）	（21.08）
EPU_{t-1}	−0.00002***	−0.00003***	−0.00002***	−0.00002***	−0.00003***	−0.00003***
	（−12.04）	（−10.72）	（−5.98）	（−5.18）	（−10.38）	（−9.89）
Power		−0.0005		0.003		−0.002
		（−0.26）		（1.06）		（−1.00）
Power×EPU_{t-1}		0.00009		−0.00004		0.00001
		（0.92）		（−0.36）		（1.59）
First	−0.0025***	−0.0003***	−0.0003***	−0.0003***	−0.0003***	−0.0003***
	（−4.03）	（−4.06）	（−4.06）	（−2.70）	（−3.70）	（−3.70）
Size	−0.003***	−0.003***	−0.003***	−0.003*	−0.004***	−0.004***
	（−3.46）	（−3.57）	（−3.57）	（−1.63）	（−3.82）	（−3.81）
Leverage	0.008**	0.008**	0.008**	0.017***	0.007*	0.007*
	（2.4）	（2.34）	（2.34）	（3.3）	（1.68）	（1.65）
Growth	0.001**	0.001	0.001	0.0005	0.002***	0.002***
	（2.3）	（2.41）	（2.41）	（0.60）	（2.6）	（2.56）
Age	−0.021	−0.021	−0.021	0.017	−0.022	−0.020
	（−1.40）	（−1.37）	（−1.37）	（1.36）	（−1.43）	（−1.30）
State	−0.03	0.004				
	（−1.25）	（1.3）				
PPI	0.0002***	0.0002***	0.0002***	0.0002***	0.0002***	0.0002***
	（4.81）	（4.68）	（3.5）	（3.48）	（3.21）	（3.17）
Cons	0.135**	0.135**	0.001***	0.001***	0.155***	0.150***
	（2.55）	（2.54）	（3.12）	（3.22）	（2.86）	（2.76）
N	16 817	16 817	8 003	8 003	8 814	8 814
Chi2	1 894.3***	1 891.4***	5 690.22***	5 712.71***	726.63***	744.40***

注：括号中为z值，***、**、*分别表示在1%、5%和10%水平上显著。

表6-17　差分GMM扰动项二阶自相关与工具变量过度识别检验

项目	差分GMM					
	全样本		国有组		非国有组	
	（1）	（2）	（3）	（4）	（5）	（6）
AR（1）	-9.115 (0.000)	-7.144 (0.000)	-7.128 (0.000)	-5.857 (0.000)	-5.590 (0.000)	-5.121 (0.000)
AR（2）	0.273 (0.784)	-1.469 (0.142)	-0.550 (0.582)	-1.184 (0.236)	-0.266 (0.790)	-1.483 (0.138)
Sargan	24.765 (0.205)	24.876 (0.206)	31.656 (0.332)	37.231 (0.344)	48.665 (0.121)	48.223 (0.145)

注：AR（1）与AR（2）分别表示扰动项一阶差分自相关和二阶差分自相关检验，括号中为P值。

关，差分GMM法适用的前提条件满足，另外，工具变量的过度识别检验结果表明，模型中使用的工具变量均有效。结合表6-1中对管理者权力的具体测度，考虑经济政策的滞后效应，模型中同时引入管理者权力和管理者权力与经济政策不确定性滞后一期交互项两个变量，重点考察管理者权力的调节作用。根据表6-16的回归结果，第（1）列为未引入交互项的回归结果，可与第（2）列增加交互项后的结果进行对比，交互项系数为0.00009，且不显著，并且Power的系数为-0.0005，也不显著，这说明管理者权力对企业风险承担水平的影响作用不是那么明显，尤其当经济政策不确定性非常高的时候，管理者权力的调节作用十分有限，并不能增大或者减小外围政策环境不确定性对企业风险承担的影响力。管理者权力的系数不显著可能的解释是：一方面，管理者权力大并不能直接体现出管理者对风险性投资项目的选择倾向。管理者权力的较大值更多体现的是公司决策权力的集中度（Sah & Stiglitz，2006），而非对风险性项目的投资偏好。另一方面，管理者拥有较大的决策自主权对企业业绩的波动的影响历来存在分歧和争议。有学者得出结论：决策权力越集中，公司的业绩波动越大，风险承担水平越高（Adams等，2005；Cheng，2008；李海霞，2017），管理者越有可能在决策中较少考虑其他决策层成员的意见而去选择高风险的投资项目，最终造成极端业绩的可能；但也有学者认为，基于代理人风险规避假说理论，管理者虽然是股东选出来的代表，理应将"股东财富最大化"作为行为目标，但是事实的情况更多的是管理者以"个人效用最大化"为目标，作为代理人的管理者会为了保持自身职位的安全与财富的稳定，倾向于风险规避，选择保守一些的投资项目（Wright等，1996；Thomas，2002；Mishra，2011；位华，2012），因此，较大的自主决策权最终保证了自身的安全与稳定。再一方面，管理者权力越大，做决策时越独立，越少受到其他因素的影响，结合我国历史悠久的儒家文化熏陶，职位上的差异也决定了决策的权力大小，结合图6-1，管理者权力一直居在高位，而企业的业绩波动却不是逐年增加的，也有可能二者之间并不是简单的线性关系。将管理者权力与政策不确定性交互后系数也不显著，这说明二者共同的作用对企业风险承担影响非常小，政策不确定性更多的体现为宏观环境的变化，即系统性风险给企业带来的影响是普遍的，而企业管理者权力的调节作用十分微弱，所以也不存在当政策不确定性越高的环境下，增大管理者权力就能够增大公司风险承担的水平，在通常的逻辑中，不确定性越高，不论管理者权力的大小，管理者在做决策时都将更加理性，倾向了减少高风险投资项目的投入。

所以，实证结果表明，在经济政策不确定性较高的外部环境下，管理者权力对企业风险承担水平的影响很小，并且管理者权力与经济政策不确定性一起对企业风险承担也没有其他影响，即不存在管理者权力的调节作用。

当本书分国有组和非国有组再次检验管理者权力的调节作用时，发现不论是在国有组还是在非国有组，管理者权力对风险承担的影响也都十分有限，并不显著，调节作用亦不显著，结果见表6-16第（4）、（6）列，管理者权力的系数分别为0.003、-0.002，交互项系数分别为-0.00004、0.00001，均不显著。这表明管理者权力以及管理者权力和政策不确定性的交互项均对企业风险承担没有显著的影响。

2.管理者能力、经济政策不确定性与企业风险承担

模型6.2的回归结果见表6-18、表6-19。为了保证参数估计的有效

性，回归采用差分GMM进行估计，模型中除了控制可能影响企业风险承担的企业特征变量外，还控制了年度与行业效应，扰动项二阶自相关以及工具变量过度识别检验结果见表6-19，扰动项二阶均无自相关，差分GMM法适用的前提条件满足。另外，工具变量的过度识别检验结果表明，模型中使用的工具变量均有效。结合模型6.5中对管理者能力的估计，考虑经济政策的滞后效应，模型中同时引入管理者能力和管理者能力与经济政策不确定性滞后一期交互项两个变量，重点考察管理者能力的调节作用。根据表6-18的回归结果，第（1）列为未引入交互项的回归结果，可与第（2）列增加交互项后的结果进行对比。管理者能力的系数为0.013，在1%的水平下显著为正，管理者能力与经济政策不确定性交互项系数为0.00003，在10%的水平下也显著为正，这表明存在经济政策不确定的情况下，管理者的能力越强，越可以促进企业风险承担水平的提高，较强的管理者能力可以正向促进企业风险承担，也越有可能去选择风险较高的投资项目。控制变量中，企业性质（State）的系数为-0.005，在10%的水平下显著为负，这说明企业风险承担水平在不同的企业性质中，会有不同的表现，因此本书进一步区分国有企业与非国有企业样本，国有组（见表6-18第（4）列）的Abil与Abil×EPU$_{t-1}$的参数估计均不显著，这说明对于国有企业而言，较高的管理者能力对企业风险承担水平的提高并不是非常重要的影响因素，并且管理者能力与经济政策不确定性一起也不能对企业的风险承担水平有明显的改变。但是这一情况在非国有组（见表6-18第（6）列）却是另外一番景象，Abil与Abil×EPU$_{t-1}$的参数估计分别为0.015与0.00001，分别在5%与10%的水平下显著，这表明在非国有企业，管理者的能力越强，越会选择那些净现金流为正且风险性较高的投资项目，并且即便外部环境表现出较高的不确定性，管理者能力仍然会对企业的风险承担水平起到正向的调节作用，这也说明民营企业的管理者能力越强，越愿意冒险来获取更大的收益。

在所有样本的控制变量方面，第一大股东持股比例First与企业风险承担显著负相关，企业年龄Age、企业负债率Leverage与企业风险承担显著正相关，这与已有的文献研究中的大部分结论是一致的。

表6-18　　　　　　　　基于管理者能力调节效应的回归结果

| 项目 | 差分 GMM | | | | | |
| | 全样本 | | 国有组 | | 非国有组 | |
	（1）	（2）	（3）	（4）	（5）	（6）
L1.	0.803***	0.813***	0.796***	0.801***	0.797***	0.808***
	（47.21）	（46.27）	（26.84）	（28.86）	（35.86）	（34.19）
EPU_{t-1}	−0.00003***	−0.00002***	−0.00002***	−0.00001***	−0.00003***	−0.00002***
	（−12.61）	（−6.26）	（−5.97）	（−3.05）	（−11.22）	（−6.07）
Abil		0.013***		0.009		0.015**
		（2.53）		（1.33）		（2.05）
Abil× EPU_{t-1}		0.00003*		0.00003		0.00001*
		（1.69）		（1.12）		（1.69）
First	−0.0001***	−0.0001***	−0.0002**	−0.0002***	−0.0001***	−0.0001***
	（−2.55）	（−2.73）	（−1.96）	（−2.40）	（−3.70）	（−3.70）
Size	0.006	0.009	0.002	0.002*	−0.008	−0.004***
	（0.57）	（0.95）	（0.92）	（1.63）	（−0.66）	（−3.81）
Leverage	−0.002	0.008**	0.011*	0.013***	0.004*	0.007*
	（−0.53）	（2.34）	（1.73）	（2.30）	（1.76）	（1.65）
Growth	−0.001	0.007*	−0.001	−0.001	0.001	0.008***
	（−0.26）	（1.65）	（−0.56）	（−0.98）	（−0.27）	（2.56）
Age	0.067***	−0.021	0.059	0.062*	0.058***	0.054***
	（3.87）	（−1.37）	（1.52）	（1.88）	（3.22）	（3.1）
State	−0.005*	−0.005*				
	（−1.65）	（−1.65）				
PPI	0.0002***	0.0002***	0.0002***	0.0002***	0.0001***	0.0002***
	（3.97）	（4.28）	（3.65）	（3.73）	（2.53）	（2.67）
Cons	−0.214**	−0.226***	−0.213***	−0.251*	−0.157***	−0.157***
	（−3.5）	（−3.59）	（−3.12）	（−1.89）	（−2.86）	（−2.76）
N	21 189	21 189	9 243	9 243	11 946	11 946
Chi2	4 395.1***	4 447.60***	1 676.22***	1 756.20***	2 362.82***	2 386.85***

注：括号中为z值，***、**、*分别表示在1%、5%和10%水平上显著。

表6-19　　　　　差分GMM扰动项二阶自相关与工具变量过度识别检验

项目	差分GMM					
	全样本		国有组		非国有组	
	（1）	（2）	（3）	（4）	（5）	（6）
AR（1）	−9.115 （0.000）	−7.144 （0.000）	−7.128 （0.000）	−5.857 （0.000）	−5.590 （0.000）	−5.121 （0.000）
AR（2）	0.273 （0.784）	−1.469 （0.142）	−0.550 （0.582）	−1.184 （0.236）	−0.266 （0.790）	−1.483 （0.138）
Sargan	24.765 （0.205）	24.876 （0.206）	31.656 （0.332）	37.231 （0.344）	48.665 （0.121）	48.223 （0.145）

注：AR（1）与AR（2）分别表示扰动项一阶差分自相关和二阶差分自相关检验，括号中为P值。

3.管理者过度自信、经济政策不确定性与企业风险承担

模型6.3的回归结果见表6-20、表6-21。为了保证参数估计的有效性，回归采用差分GMM进行估计，模型中除了控制可能影响企业风险承担的企业特征变量外，还控制了年度与行业效应，扰动项二阶自相关以及工具变量过度识别检验结果见表6-21，扰动项二阶均无自相关，差分GMM法适用的前提条件满足。另外，工具变量的过度识别检验结果表明模型中使用的工具变量均有效。结合表6-2中对管理者过度自信的具体测度，考虑经济政策的滞后效应，模型中同时引入管理者过度自信和管理者过度自信与经济政策不确定性滞后一期交互项两个变量，重点考察管理者过度自信的调节作用。根据表6-20的回归结果，全样本第（1）列为未引入交互项的回归结果，可与第（2）列增加交互项后的结果进行对比。有趣的是，管理者过度自信的系数为0.0016，在1%的水平下显著为正，而交互项系数为−7.7e−06，负向显著，这说明管理者过度自信的确会提高风险承担水平，但是交互项系数显著为负，说明当经济政策不确定性超过某一阈值时，管理者过度自信对风险承担的正向调节作用便会减弱甚至不存在，也就是说，管理者过度自信对企业风险承担的正向影响会受到经济政策不确定性指数高低的影响，并不能无限提高企业风险承担水平。并且在对国有企业与非国有企业分组后，这一回归结果仍然存在，即不论国有企业还是非国有企业，管理者过度自信都不能无限放大对风险承担的作用，会受到经济政策不确定性高低的影响。

表6-20 基于管理者过度自信调节效应的回归结果

项目	差分GMM					
	全样本		国有组		非国有组	
	(1)	(2)	(3)	(4)	(5)	(6)
L1.	0.636*** (31.18)	0.639*** (38.29)	0.638*** (19.45)	0.589*** (20.48)	0.608*** (21.09)	0.624*** (20.08)
EPU_{t-1}	−0.00002*** (−12.04)	−0.00002*** (−9.02)	−0.00002*** (−5.98)	−0.00002*** (−6.18)	−0.00003*** (−10.38)	−0.00003*** (−8.29)
OC		0.0016*** (3.26)		0.0013* (1.78)		0.0014** (2.60)
OC× EPU_{t-1}		−7.7e−06*** (−3.24)		−8.4e−06** (−2.17)		−5.6e−06* (−1.89)
First	−0.0025*** (−4.03)	−0.0006*** (−5.26)	−0.0003*** (−4.06)	−0.0002*** (−2.80)	−0.0003*** (−3.70)	−0.0003*** (−3.70)
Size	−0.003*** (−3.46)	−0.004*** (−7.78)	−0.003*** (−3.57)	−0.004* (−1.65)	−0.004*** (−3.82)	−0.004*** (−3.81)
Leverage	0.008** (2.4)	0.006** (5.34)	0.008** (2.34)	0.011*** (4.3)	0.007* (1.68)	0.007* (1.65)
Growth	0.001** (2.3)	0.003 (4.41)	0.001 (2.41)	0.0004 (0.38)	0.002*** (2.6)	0.002 (2.56)
Age	−0.021 (−1.40)	0.004 (4.37)	−0.021 (−1.37)	0.037** (2.36)	−0.022 (−1.43)	−0.020 (−1.30)
State	−0.03 (−1.25)	−0.000 (−1)				
PPI	0.0002*** (4.81)	0.0002*** (11.02)	0.0002*** (3.5)	0.0002*** (3.68)	0.0002*** (3.21)	0.0002*** (3.17)
Cons	0.135** (2.55)	0.111** (2.09)	0.011*** (3.12)	0.011*** (4.22)	0.155*** (2.86)	0.154*** (2.86)
N	16 817	16 817	8 003	8 003	8 814	8 814
Chi2	1 894.3***	1 890.7***	4 690.22***	4 747.70***	779.03***	788.43***

注：括号中为z值，***、**、*分别表示在1%、5%和10%水平上显著。

表6-21 差分GMM扰动项二阶自相关与工具变量过度识别检验

| 项目 | 差分GMM | | | | | |
| | 全样本 | | 国有组 | | 非国有组 | |
	（1）	（2）	（3）	（4）	（5）	（6）
AR（1）	−9.115 (0.000)	−7.144 (0.000)	−7.128 (0.000)	−5.857 (0.000)	−5.590 (0.000)	−5.121 (0.000)
AR（2）	0.273 (0.784)	−1.469 (0.142)	−0.550 (0.582)	−1.184 (0.236)	−0.266 (0.790)	−1.483 (0.138)
Sargan	24.765 (0.205)	24.876 (0.206)	31.656 (0.332)	37.231 (0.344)	48.665 (0.121)	48.223 (0.145)

注：AR（1）与AR（2）分别表示扰动项一阶差分自相关和二阶差分自相关检验，括号中为P值。

既然经济政策不确定性指数的大小会影响对管理者过度自信的促进作用，本书试图通过让风险承担对管理者过度自信求偏导后求经济政策不确定性的阈值。对公式（6.3）求偏导后的结果为：

$$\frac{dRisk_t}{dOC_t} = \beta_2 + \beta_3 EPU_{t-1} \tag{6.6}$$

根据全样本的回归结果，β_2 与 β_3 的估计值分别为0.0016和−7.7e−06，若要管理者过度自信对风险承担的平均边际影响 $\frac{dRisk_t}{dOC_t} > 0$，求解可得 $EPU_{t-1} < 207.79$，即当上一期经济政策不确定性指数小于207.79时，管理者过度自信对风险承担的平均边际影响为正，即管理者过度自信对风险承担水平的正向调节作用存在，当上一期经济政策不确定性指数大于207.79时，这种正向调节作用会逆转。同理，在进一步区分国有企业与非国有企业样本后，发现差别比较大，经济政策不确定性指数的阈值分别为154.76和250.00，两者差值将近100。换言之，国有企业相较于非国有企业，管理者过度自信更容易受到经济政策不确定性的约束，当EPU指数约超过155时，管理者过度自信对风险承担便不能发挥很好的正向调节作用，也就是说，当经济政策不确定指数大于155时，再自信的管理者也不会蛮干，也会谨慎选择高风险的投资项目，表现出理性的

投资策略，而对于非国有企业而言，EPU指数约超过250时，其正向调节作用才会受到影响，所以非国有企业过度自信的管理者，表现出更大的风险偏好，直到外部环境非常不确定时才会规避风险。整体而言，全样本下，经济政策不确定性的临界值约为208，所以，管理者过度自信对企业风险承担的影响并不是无限增加的，大多数企业的过度自信的管理者在经济政策不确定性不超过208时，还是会表现出更大的风险偏好，更愿意选择那些净现金流为正的风险性投资项目，一旦EPU指数超过了208，大多数的过度自信管理者仍然会理性投资，并不会盲目冒险，这也很好地支持了本书的假设。

4.稳健性检验

为了确保上述模型估计结果的有效性，本书还做了以下几项稳健性检验。

（1）内生性问题

动态面板模型本身能够在一定程度上缓解因遗漏变量引起的模型内生性问题，这也是本书考虑采用动态面板模型的主要原因，根据表6-17、表6-19、表6-21的扰动项自相关检验和工具变量有效性检验，均已通过，这说明GMM方法下的参数估计是有效的，结论也是稳健的。

（2）更换样本

不同的行业在选择管理者时会有特定的要求，例如，高新技术产业类企业更倾向于选择过度自信或者能力强的管理者，来适应技术与产品的不断更新换代，所以以单一行业的企业作为检验样本能在一定程度上避免行业特点对企业风险承担的特定要求。考虑到制造业在我国占有较大比重，故而本书在做稳健性分析时，从初始样本中单独选取制造业样本重新进行检验，见表6-22。管理者权力的调节效应不显著，管理者过度自信的调节效应存在门槛效应，即当经济政策不确定性超过了一定的阈值时，管理者过度自信对企业风险承担的影响会出现逆转。另外，管理者能力对企业风险承担表现出正向的调节效应，这与表6-16、表6-18、表6-20的回归结果并无实质性的差异，说明上述结果是稳健的。

表6-22　　　　　　　　基于管理者异质性调节效应的回归结果

项目	差分 GMM		
	管理者权力	管理者能力	管理者过度自信
	（1）	（2）	（3）
L1.	0.609*** (24.29)	0.633*** (24.89)	0.611*** (24.29)
EPU$_{t-1}$	−0.00004*** (−14.85)	−0.00003*** (−7.41)	−0.00004*** (−15.78)
Power	−0.002 (−1.40)		
Power×EPU$_{t-1}$	0.0001 (1.5)		
Abil		0.022*** (3.70)	
Abil×EPU$_{t-1}$		0.00004* (1.86)	
OC			0.004** (2.25)
OC×EPU$_{t-1}$			−0.00001* (−1.69)
First	−0.0001** (2.20)	−0.00005*** (−3.65)	−0.00004*** (−3.38)
Size	−0.007*** (−27.34)	−0.007*** (−27.32)	−0.007*** (−27.35)
Leverage	−0.001 (−0.36)	0.034*** (−19.76)	0.034*** (19.81)
Growth	−0.001** (−2.37)	0.002*** (3.65)	0.002*** (3.7)
Age	0.006*** (6.65)	0.006*** (6.42)	0.006*** (6.6)
State	0.001 (1.46)	0.001* (1.71)	0.001* (1.83)
PPI	0.003*** (13.59)	0.003*** (13.63)	0.002*** (13.72)
Cons	−0.214** (−3.5)	−0.069*** (−3.15)	−0.061*** (−3.18)
N	14 325	14 325	14 325
Chi2	1 386.80***	2 362.82***	1 377.75***

注：括号中为 z 值，***、**、*分别表示在1%、5%和10%水平上显著。

（3）主要变量的其他衡量指标

针对经济不确定性指数的度量，本书借鉴 Gulen 和 Ion（2016）的做法，采用加权平均法计算的季度经济政策不确定性指标（EPU$_{t-1}$'）进行计算，回归结果显示，不论是加权平均法还是年度平均法，其结果见表6-23，也未出现实质性的差异。同时借鉴 John（2008）的观点，将风险承担水平改用4年期窗口计算，其结果也未出现明显差异，实证结果见表6-23。

表6-23 稳健性检验的回归结果

项目	差分 GMM					
	管理者权力		管理者过度自信		管理者能力	
	RISK2	EPU$_{t-1}$'	RISK2	EPU$_{t-1}$'	RISK2	EPU$_{t-1}$'
L1.	0.836*** (47.21)	0.683*** (34.86)	0.834*** (37.86)	0.682*** (34.70)	0.830*** (37.66)	0.695*** (34.68)
EPU$_{t-1}$	−0.00007*** (−4.05)		−0.00007*** (−4.93)		−0.00009*** (−4.50)	
EPU$_{t-1}$'		−0.00003*** (−13.11)		−0.00002*** (−4.93)		−0.00002*** (−7.72)
Power	0.001 (0.91)	0.0008 (0.92)				
Power× EPU$_{t-1}$	−0.00002 (−0.53)	−0.00002 (−1.12)				
OC			0.004*** (2.64)	0.003** (2.03)		
OC× EPU$_{t-1}$			−0.00001* (−1.84)	−0.00001* (−1.77)		
Abil					0.007*** (2.04)	0.009** (2.20)
Abil× EPU$_{t-1}$					0.00001** (2.14)	0.00002** (2.3)

续表

项目	差分 GMM					
	管理者权力		管理者过度自信		管理者能力	
	RISK2	EPU_{t-1}	RISK2	EPU_{t-1}	RISK2	EPU_{t-1}
First	−0.0002***	−0.0001***	−0.0002**	−0.0004***	−0.0003***	−0.0001**
	(−2.74)	(−2.73)	(−3.85)	(−3.82)	(−3.23)	(−2.09)
Size	−0.007***	−0.006***	−0.006***	−0.006***	−0.006***	−0.007***
	(−32.4)	(−31.82)	(−32.33)	(−31.86)	(−32.35)	(−31.82)
Leverage	0.027***	0.030**	0.027***	0.030***	0.028***	0.030***
	(19.68)	(20.95)	(19.66)	(21.97)	(19.78)	(21.00)
Growth	0.003***	0.002***	0.003***	0.002***	0.003***	0.002***
	(6.55)	(4.66)	(6.49)	(4.62)	(6.22)	(4.48)
Age	0.007***	0.005***	0.006***	0.005***	0.006***	0.005***
	(8.19)	(6.18)	(8.34)	(6.25)	(8.17)	(6.18)
State	−0.0007*	−0.001	−0.0005	0.001	−0.0005	0.00001
	(−1.63)	(−0.21)	(−1.17)	(0.01)	(−1.15)	(1.03)
PPI	0.001***	0.0002***	0.0001***	0.002***	0.001***	0.001***
	(9.98)	(12.05)	(10.02)	(3.73)	(10.36)	(12.16)
Cons	0.079*	0.032*	0.064	0.028	0.085*	0.010
	(1.64)	(1.63)	(0.98)	(1.46)	(1.86)	(1.16)
N	18 218	18 218	18 218	18 218	18 218	18 218
Chi2	2 749.47***	2 807.01***	2 741.64***	2 800.71***	2 753.91***	2 876.89***

注：括号中为 z 值，***、**、*分别表示在 1%、5% 和 10% 水平上显著。

6.3 本章小结

考虑到公司的决策主要是由管理者做出的，同时，根据高阶梯队理论，管理者是异质的有限理性人，强调高管个人特征对企业战略决策以及公司绩效的差异化影响（Hambrick & Mason，1984），本书认为管理者个体行为的异质性会影响到公司具体风险承担水平,故而,本章在研究经济政策不确定性对企业风险承担的影响时,加入微观因素管理者特征这一因素,考察不同的管理者特征在其中所起的调节效应。具体地,本章选取了管理者权力、管理者过度自信与管理者能力三个特征分别考察经济政策不确定性对企业风险承担影响中人的因素,三者表现出了不同的结果。

从管理者权力的回归结果看,管理者权力在经济政策不确定性对企业风险承担的消极影响中不存在调节效应,并且在其他条件一定的情况下,管理者权力对企业风险承担的影响也不显著,在区分国有组和非国有组再次检验管理者权力的调节作用时,还发现不论是在国有组还是在非国有组,管理者权力对风险承担的影响也还是十分有限,这表明管理者权力以及管理者权力的调节作用均对企业风险承担没有显著的影响。

从管理者过度自信的回归结果看,管理者过度自信对企业风险承担的正向促进作用并不是无限增大,即并非线性增长,存在一定的阈值,当经济政策不确定性指数约小于208时,过度自信的管理者会促进风险承担水平的提高,表现出更大的风险偏好,更倾向于选择那些净现金流为正的风险性投资项目;一旦经济政策不确定性指数超过了208,大多数的过度自信管理者仍然会理性投资,并不会盲目冒险。在进一步区分国有企业与非国有企业样本后,发现二者差别较大,经济政策不确定性指数的阈值分别为154.76和250.00,两者差值将近100,换言之,国有企业相较于非国有企业,管理者过度自信更容易受到经济政策不确定性的约束。这很好地支持了本书的假设。

从管理者能力的回归结果看,表明在存在经济政策不确定的情况下,管理者的能力越强,越可以促进企业风险承担水平的提高,较强的管理者能力可以正向促进企业风险承担,也越有可能去选择风险较高的投资项目。在区分了国有组与非国有组之后,发现在国有组管理者能力的正向调节作用消失了,但是在非国有组却表现十分明显,这也说明民营企业的管理者能力越强,越意味着承担风险的意愿与能力都强。

整体来看，国有属性有减弱风险承担的作用，管理者权力的促进作用不显著，但是管理者过度自信和管理者能力的促进作用十分明显，管理者过度自信并不线性调节，而是存在一定的阈值，当经济政策不确定性指数超过了208，再过度自信的管理者也会理性投资，降低风险；而管理者能力的正向促进作用表现出了线性关系，这充分说明管理者的能力越强越有利于公司的发展。

第7章 结论与政策建议

7.1 主要研究结论

本书使用包含企业风险承担滞后项的动态面板数据估计模型，以 2007—2018 年在沪深交易所上市的所有 A 股非金融行业上市公司为样本，实证检验了经济政策不确定性对企业风险承担行为的影响，并进一步选取宏观因素市场化进程、中观因素公司战略以及微观因素管理者异质性分别考察经济政策不确定性对企业风险承担影响中的调节效应，得到了以下结论：

第一，经济政策不确定性的升高会抑制企业风险承担，降低企业的收益。企业是根据宏观经济政策不确定性的预期分布来选择本期的企业风险承担水平的，当企业预期的经济政策不确定性增大时，导致估计的 $\sigma^2 g_{i,t+1}^2$ 变大，$\sigma^2 g_{i,t+1}^2$ 的增大加大了企业未来预期收益率降低的风险，为了减少未来损失的发生，企业会尽可能降低本期企业风险承担水平，来弥补未来不确定性所造成的损失。这一结论也验证了实物期权理论中基于投资不可逆的假设,环境不确定性的增加使得企业对风险性项目的投资意愿减弱,更愿意"等待"和"观望",直至信息更加明朗。

第二,相较于非国有企业,国有企业风险承担水平对经济政策不确定性更敏感。国有企业在经济政策不确定性高的时期更加倾向于稳健的投资决策,经营效率要更差一些,原因在于政府的干预以及委托代理问题。在较强的政府干预下,国有企业承担了更多的社会职能,加之在中国现行的行政体系下,国有企业的管理者基于"政治晋升"的隐性激励,抱着"不求有功但求无过"的信念不会在不确定性高的时期冒险加大风险性项目投资。在代理问题上,国有企业的代理成本要高于非国有企业,经济政策不确定大大增加了信息的不对称,国有企业更愿意按照国家政策进行项目决策,以保证个人利益最大化,倾向于规避风险,降低风险承担水平,这些问题的存在均使得国有企业更愿意采取稳健而保守的投资策略,否决那些风险较高的投资项目。

第三,市场化程度越低、经济越不发达的地区企业风险承担水平受到不确定性的消极影响更大。高市场化程度可以快速地消化经济政策不确定性所带来的消极影响,减少了影响的时间与长度,从而促进企业风险承担水平的后续提高。在区分国有组与非国有组回归后,上述情况仍然存在,说明不论是国有企业还是非国有企业,市场化进程都能够很好地缓解不确定性对企业风险承担的消极影响。

第四,激进型战略可以削弱经济政策不确定性对企业风险承担的负向作用,但是这一削弱作用在国有企业并不显著。这说明,激进型战略的组织更多从不确定性中看到的是机遇,能够充分识别和把握其中的利好条件,以期获得更大的竞争优势,然而国有企业表现出的"稳健"第一的特征,在不确定性增加时,更多倾向于保守一些的策略,风险承担水平较低。公司战略的正向调节作用充分证明了 Knight(1921)的观点,"不确定性是企业利润的唯一来源,如果未来都可以预测,利润就消失了"。

第五,从管理者权力、管理者能力与管理者过度自信三个特征分别考察经济政策不确定性对企业风险承担影响中人的因素后,发现三者发挥了不同的作用。管理者权力在经济政策不确定性对企业风险承担的消极影响中不存在调节效应。但是，管理者能力在两者的关系中，能够起到积极的促进作用，管理者能力越强，越可以促进企业风险承担水平的提高，只是随着不确定性的不断增大，管理者能力产生的边际效用会递减。并且民营企业的管理者能力表现出了更强的促进作用。基于这样一个实证结果，本书发现企业家才能的确成为了继土地、资本、劳动之后的另一个企业重要生产要素，人才的作用凸显。管理者过度自信在两者的关系中存在着非线性的调节作用，本书做了进一步的分析计算，发现当不确定性指数约小于208时，过度自信的管理者会表现出更大的风险偏好，倾向于选择那些净现金流为正的风险性投资项目，从而促进风险承担水平的提高；一旦不确定性指数超过了208，再过度自信的管理者仍然会理性投资，并不会盲目冒险。并且国有企业相较于非国有企业，管理者过度自信更容易受到经济政策不确定性的约束，经过计算国有企业的不确定性阈值为155，非国有企业的不确定性阈值为250。

7.2 政策建议

根据本书的研究结论，经济政策不确定性的增大会显著抑制企业风险承担水平，另外，市场化、公司战略以及管理者异质性的调节作用各不相同，据此提出如下政策建议：

第一，努力为企业提供稳定、公平的政策环境。稳定、公平的政策环境对企业健康、稳定发展至关重要。国家政策的出台和执行要坚持延续性、协同性和稳定性的统一。政策出台应建立在充分调研的基础上，做好事前合理预估与事后的科学评估，做到实事求是，新旧制度有效衔接。同时，政策的顶层设计和配套体系要协调一致，政策制定要避免"部门壁垒""立法内部化"等问题，杜绝相互冲突。政策执行中，不能盲目频繁地进行调整，要使企业有稳定的预期，必要调整时留给企业合理的应对时间，避免引起市场恐慌以及企业的措手不及，使企业应接不暇、应付短期行为而打乱了长远战略的执行。根据本书的研究结论，208为经济政策不确定性指数的阈值，208可以作为国家制定政策的参考依据之一，当中国宏观经济政策不确定性指数大于208时，国家应谨慎考虑出台影响力大的政策。

　　第二，坚定不移地推进全面深化改革，发挥市场在资源配置中的决定性作用，更好地发挥政府作用。本书研究结论表明，即便经济政策不确定性比较高时，较高的市场化程度也能促使企业较快地消化掉不确定的干扰因素，同时，企业可以借助发达的金融市场、资本市场和有效的政府扶持从不确定的影响环境中挺过来，及时地调整战略，实现良性发展。当前，我国的社会主义市场经济体制已经初步建立，但市场体系还不健全，市场发育还不充分，要坚定不移地向着加快完善社会主义市场经济体制的目标努力。坚持社会主义市场经济的改革方向，核心问题是处理好政府和市场的关系。习近平总书记指出，要把政府不该管的事交给市场，让市场在所有能够发挥作用的领域都充分发挥作用。市场经济的运行离不开政府调控，特别是需要政府发挥其服务职能，政府管理和控制的对象是市场而非企业本身，管理手段主要依靠法律、经济手段，必要时辅以行政手段，而核心的手段仍然是通过市场。所以，政府要进一步推进"放管服"改革，深化行政体制改革，创新行政管理方式，加强和优化公共服务，促进社会公平正义和社会稳定，为企业提供成熟的市场化环境。

　　第三，加大人才培养力度，培养娴熟掌握市场经济规律的企业家。经济政策不确定性会抑制企业风险承担，但是管理者的能力却能有效地缓解这一问题。在较高的经济政策不确定环境下，能否识别出不确定性中蕴藏的机遇，能否在项目实施中对遇到的风险进行有效控制和应对，能否在不确定性大幅到来前敏锐地洞察到并及时做出决策调整，与企业的生死存亡息息相关，这项能力只有娴熟掌握市场经济规律的企业家拥有。习近平总书记指出，人才是第一资源。国家在大力培育科技创新型人才的同时，也要注意培养管理型人才，培养、造就一批优秀的企业家。

7.3　研究局限性及展望

　　虽然本书就宏观经济政策的微观应用做了有益的尝试，但是正如人类对任何新事物的认识一样，都需要经历从陌生到熟悉再到深知的过程，本书从宏观经济政策不确定性视角考察其对企业风险承担的影响，仅仅做了初步的探索，仍然存在着一些局限性，这为未来的研究留下了进一步探索的空间。

第一，变量的测度始终与真实的情况存在差距。风险承担水平反映的是企业决策中对有价值的风险性项目的选择，而具体的决策过程研究者无法直接观测，也很难定性哪些投资项目属于特定企业的高风险项目，更无法获知它的未来收益，它的不确定性还在研究中，大多学者采用盈利的波动或者股票收益的波动作为代理变量，本书选择了盈利的波动作为它的直接代理变量，这让我们会担心波动中可能存在其他影响因素的噪声，使得该指标很难纯粹地反映风险性项目带来的那部分波动，虽然事实是这样，但是小的瑕疵并不会实质性影响研究的结论，不过研究就是要追求精益求精，未来是否能够找到更精确的测度方法，更好地反映企业风险承担水平是研究者们无限追求的目标。另外，实地调查研究仍然不失为变量测度的有益补充，如果能够得到资金、时间以及精力上的支持，该方法是作者未来努力的方向。

第二，样本划分较粗略。本书仅仅探讨了全样本以及国有与非国有样本的情况，虽然控制了行业和时间因素，但是仍然存在进一步细分的可能，根据不同特点的样本研究结论更具针对性。例如，高新技术行业、农业、通信服务业等，它们之间存在风险、技术、生产上的巨大差异，进一步细分更具针对性。并且本书的样本剔除了金融保险业，事实上这类企业有其特殊性，如果专门针对这类企业研究经济政策不确定性对其风险承担的影响，可以使我们的研究更加全面、细致，这一不足是未来需要完善的地方。

第三，经济政策不确定性指标过于笼统。经济政策不确定性指标反映了一切政治的、经济的、环境的不确定情况，是一个十分综合的度量指标，如果能够将这种综合不确定性拆分为政治不确定性、经济不确定性、监管不确定性等项目，则可以更好地探讨具体哪种不确定性对企业风险承担造成了突出影响。Baker团队针对美国的经济政策不确定性做了数项分类，具体有政策不确定性、环保卫生不确定性等，如果未来能够有效区分，便能更加科学地为政府制定政策提供有效建议，为我国企业的长远发展提供建设性意见。

总之，文章虽然创新性地研究了宏观经济政策不确定性对企业风险承担的影响，但是仍然存在上述不足，这将成为作者未来努力完善的地方。

主要参考文献

[1] 贝克. 危机时代的不确定性与一揽子财政刺激计划：开放经济体的经济政策 [J]. 孙景宇，许源丰，译. 经济社会体制比较，2012 (147)：24-33.

[2] 陈德球，陈运森，董志勇. 政策不确定性、税收征管强度与企业税收规避 [J]. 管理世界，2016 (5)：151-163.

[3] 陈国进，张润泽，赵向琴. 经济政策不确定性与股票风险特征 [J]. 管理科学学报，2018，21 (4)：6-32.

[4] 陈莉萍，张海龙，徐璟璟. 产权性质、公司战略与企业风险承担 [J]. 财会通讯，2018 (30)：18-23.

[5] 陈强. 高级计量经济学及 Stata 应用 [M]. 北京：高等教育出版社，2014.

[6] 丁志帆. 不确定性冲击的统计测度与经济效应研究——一个文献综述 [J]. 现代经济探讨，2018 (08)：38-47.

[7] 董保宝. 风险需要平衡吗：新企业风险承担与绩效倒 U 型关系及创业能力的中介作用 [J]. 管理世界，2014 (1)：120-131.

[8] 奈特. 风险、不确定性与利润 [M]. 安佳，译. 北京：商务印书馆出版社，2006.

[9] 冯晓晴，文雯. 多个大股东与企业风险承担 [J]. 中南财经政法大学学报，2020 (2)：25-36.

[10] 国务院办公厅关于建设第二批大众创业万众创新示范基地的实施意见，国

办发〔2017〕54号.

[11] 国务院关于大力推进大众创业万众创新若干政策措施的意见，国发〔2015〕32号.

[12] 何威风，刘怡君，吴玉宇. 大股东股权质押和企业风险承担研究 [J]. 中国软科学，2018 (5)：110-122.

[13] 何威风，刘巍，黄凯莉. 管理者能力与企业风险承担 [J]. 中国软科学，2016 (5)：107-118.

[14] 贾盾，孙溪，郭瑞. 货币政策公告、政策不确定性及股票市场的预公告溢价效应——来自中国市场的证据 [J]. 金融研究，2019 (7)：76-95.

[15] 贾玉成，翟中玉. 经济政策不确定性、国家形象与制度环境差异——对华贸易摩擦的理论解析与实证检验 [J]. 广东财经大学学报，2019，34 (4)：4-17.

[16] 李凤羽，史永东. 经济政策不确定性与企业现金持有策略——基于中国经济政策不确定指数的实证研究 [J]. 管理科学学报，2016，19 (60)：157-170.

[17] 李凤羽，杨墨竹. 经济政策不确定性会抑制企业投资吗？——基于中国经济政策不确定指数的实证研究 [J]. 金融研究，2015 (4)：115-129.

[18] 李海霞. CEO权力、风险承担与公司成长性——基于我国上市公司的实证研究 [J]. 管理评论，2017，29 (10)：198-210.

[19] 李小荣，张瑞君. 股权激励影响风险承担：代理成本还是风险规避？[J]. 会计研究，2014 (1)：57-63.

[20] 理查德，詹姆斯. 企业行为理论 [M]. 李强，译. 北京：中国人民大学出版社，2008.

[21] 刘贯春，段玉柱，刘媛媛. 经济政策不确定性、资产可逆性与固定资产投资 [J]. 经济研究，2019 (8)：53-70.

[22] 刘志远，王存峰，彭涛，等. 政策不确定性与企业风险承担：机遇预期效应还是损失规避效应 [J]. 南开管理评论，2017，20 (6)：15-27.

[23] 吕文栋，刘巍，何威风. 管理者异质性与企业风险承担 [J]. 中国软科学，2015 (12)：120-133.

[24] 吕文栋，林琳，赵杨. 名人CEO与企业战略风险承担 [J]. 中国软科学，2020 (1)：112-127.

[25] 毛其淋，许家云. 政府补贴、异质性与企业风险承担 [J]. 经济学（季刊），2016，15 (3)：1533-1562.

[26] 孟庆斌，师倩. 宏观经济政策不确定性对企业研发的影响：理论与经验研究 [J]. 世界经济，2017 (9)：77-100.

[27] 潘群星. 我国经济政策不确定性内在统计特征检验 [J]. 统计与决策, 2017 (19): 96-99.

[28] 潘攀, 邓超, 邱煜. 经济政策不确定性, 银行风险承担与企业投资 [J]. 财经研究, 2020, 46 (2): 67-81.

[29] 饶品贵, 岳衡, 姜国华. 经济政策不确定性与企业投资行为研究 [J]. 世界经济, 2017 (2): 29-53.

[30] 宋建波, 文雯, 王德宏, 等. 管理层权力、内外部监督与企业风险承担 [J]. 经济理论与经济管理, 2018, 330 (6): 98-114.

[31] 宋全云, 李晓, 钱龙. 经济政策不确定性与企业贷款成本 [J]. 金融研究, 2019 (7): 57-75.

[32] 孙健, 王百强, 曹丰, 等. 公司战略影响盈余管理吗? [J]. 管理世界, 2016 (3): 160-169.

[33] 申宇, 任美旭, 赵静梅. 经济政策不确定性与银行贷款损失准备计提 [J]. 中国工业经济, 2020 (4): 154-173.

[34] 田磊, 林建浩. 经济政策不确定性兼具产出效应和通胀效应吗? 来自中国的经验证据 [J]. 南开经济研究, 2016 (2): 3-24.

[35] 汪浩瀚, 徐文明. 现代不确定性经济理论的比较研究: 凯恩斯与奈特 [J]. 经济评论, 2005 (1): 90-93.

[36] 汪浩瀚. 不确定性理论: 现代宏观经济分析的基石 [J]. 财经研究, 2002 (12): 30-36.

[37] 汪浩瀚. 不确定性理论与金融经济学的发展 [J]. 当代财经, 2005 (2): 42-45.

[38] 汪浩瀚. 不确定性理论与现代宏观经济学的演进 [J]. 经济评论, 2003 (1): 80-85.

[39] 王红建, 李青原, 邢斐. 经济政策不确定性、现金持有水平及其市场价值 [J]. 金融研究, 2014 (9): 53-68.

[40] 王菁华, 茅宁. 企业风险承担研究述评及展望 [J]. 外国经济与管理, 2015 (12): 44-58.

[41] 王菁华, 茅宁. 经济政策不确定性影响企业风险承担吗? [J]. 华东经济管理, 2019, 33 (8): 124-135.

[42] 王文寅. 不确定性、观望与政策干预 [J]. 宏观经济研究, 2009 (8): 47-50.

[43] 王义中, 宋敏. 宏观经济不确定性、资金需求与公司投资 [J]. 经济研究, 2014 (2): 4-17.

[44] 位华. CEO权力、薪酬激励和城市商业银行风险承担 [J]. 金融论坛,

2012，17（9）：61-67.

[45] 严楷，杨筝，赵向芳，等. 银行管制放松、地区结构性竞争与企业风险承担 [J]. 南开管理评论，2019（1）：124-138.

[46] 杨瑞龙，章逸然，杨继东. 制度能缓解社会冲突对企业风险承担的冲击吗？[J]. 经济研究，2017（8）：142-156.

[47] 余明桂，李文贵，潘红波. 民营化、产权保护与企业风险承担 [J]. 经济研究，2013（9）：112-124.

[48] 余明桂，李文贵，潘洪波. 管理者过度自信与企业风险承担 [J]. 金融研究，2013（1）：149-163.

[49] 张峰，刘曦苑，武立东，等. 产品创新还是服务转型：经济政策不确定性与制造业创新选择 [J]. 中国工业经济，2019（7）：101-118.

[50] 张军，高远. 官员任期、异地交流与经济增长——来自省级经验的证据 [J]. 经济研究，2007（11）：91-103.

[51] 张敏，童丽静，许浩然. 社会网络与企业风险承担——基于我国上市公司的经验证据 [J]. 管理世界，2015（11）：161-175.

[52] 张瑞君，李小荣，许年行. 货币薪酬能激励高管承担风险吗 [J]. 经济理论与经济管理，2013（8）：84-100.

[53] 张三保，张志学. 区域制度差异，CEO管理自主权与企业风险承担——中国30省高技术产业的证据 [J]. 管理世界，2012（4）：101-114.

[54] 周建，许为宾. 产权、董事会领导权分离模式与企业战略变革 [J]. 经济管理，2015（4）：51-60.

[55] 周泽将，马静，刘中燕. 独立董事政治关联会增加企业风险承担水平吗？[J]. 财经研究，2018（8）：142-154.

[56] 朱晓琳，方拥军. CEO权力、高管团队薪酬差距与企业风险承担 [J]. 经济经纬，2018（1）：100-107.

[57] ACHARYA V，et al. Creditor rights and corporate risk-taking [J]. Journal of financial Economics，2011，102（1）：150-166.

[58] ADAMS R，ALMEIDA H，FERREIRA D. Powerful CEOs and their impact on corporate performance [J]. Review of Financial Studies，2005，18（4）：1403-1432.

[59] AKBAR S，KHARABSHEH B，POLETTI-HUGHES J，et al. Board structure and corporate risk-taking in the UK financial sector [J]. International Review of Financial Analysis，2017（50）：101-110.

[60] ANDERSON R C，MANSI S A，REEB D M. Founding family ownership and the agency cost of debt [J]. Journal of Financial Economics，

2002, 68 (2): 263-285.

[61] ARIF S, LEE C M C. Aggregate Investment and investor sentiment [J]. Social Science Electronic Publishing, 2014, 27 (11): 3241-3279.

[62] ARMSTRONG C, GLAESER S, HUANG S, et al. The economics of managerial taxes and corporate risk-taking [J]. Social Science Electronic Publishing, 2018.

[63] ARYA B, LIN Z. Understanding collaboration outcomes from an extended resource-based view perspective-the roles of organizational characteristics, partner attributes and network structures [J]. Journal of Management, 2007, 33 (5): 697-723.

[64] ATTIG N, GHOUL S E, GUEDHAMI O, et al. The governance role of multiple large shareholders: evidence from the valuation of cash holdings [J]. Journal of Management & Governance, 2013, 17 (2): 419-451.

[65] BAIRD I S, THOMAS H. Toward a contingency model of strategic risk-taking [J]. Academy of Management Review, 1985, 10 (2): 230-243.

[66] BAKER M P, WURGLER J. Behavioral corporate finance: an updated survey [J]. Social Science Electronic Publishing, 2011, 2: 357-424.

[67] BARGERON L L, LEHN K M, ZUTTER C J. Sarbanes-Oxley and corporate risk-taking [J]. Journal of Accounting & Economics, 2010, 49 (1): 34-52.

[68] BASU S, BUNDICK B. Uncertainty shocks in a model of effective demand [J]. Econometrica, 2017 (3): 937-958.

[69] BAUGUESS S W, SLOVIN M B, SUSHKA M E. Large shareholder diversification, corporate risk-taking, and the benefits of changing to differential voting rights [J]. Journal of Banking & Finance, 2012, 36 (4): 1233-1253.

[70] BEASLEY M S. An empirical analysis of the relation between the board of director composition and financial statement fraud [J]. The Accounting Review, 1996, 71 (4): 443-665.

[71] BENATI L. The long-run Phillips curve: a structural VAR investigation [J]. Journal of Monetary Economics, 2015, 7 (6): 15-28.

[72] BENTLEY K A, OMER T C, SHARP N Y. Business strategy, financial reporting irregularities and audit effort [J]. Contemporary Accounting Research, 2013, 30 (2): 780-817.

[73] BERNANKE B S. Irreversibility, uncertainty, and cyclical investment [J]. NBER Working Papers, 1980, 98 (1): 85-106.

[74] BIKKER J A, HAAF K. Competition, concentration and their relationship: an empirical analysis of the banking industry [J]. Research Series Supervision (Discontinued), 2000, 26 (11): 2191-2214.

[75] BLOOM N, BOND S, REENEN J V. Uncertainty and investment dynamics [J]. Review of Economic Studies, 2007, 74 (2): 391-415.

[76] BOMBERGER W A. Disagreement as a measure of uncertainty [J]. Journal of Money, Credit and Banking, 1996, 28 (3): 411-419.

[77] BORN B, PFEIFER J. Policy risk and the business cycle [J]. Journal of Monetary Economics, 2014, 68 (1): 68-85.

[78] BOUBAKRI N, COSSET J C, SAFFAR W. The role of state and foreign owners in corporate risk - taking: evidence from privatization [J]. Journal of Financial Economics, 2013, 108 (3): 641-658.

[79] BROGAARD J, DETZEL A. The asset pricing implications of government economic policy uncertainty [J]. Management Science, 2015, 6 (1): 3-18.

[80] BROMILEY. Testing a causal model of corporate risk - taking and performance [J]. The Academy of Management Journal, 1991, 34 (1): 31-59.

[81] BROUWER M. Entrepreneurship and uncertainty: innovation and competition among the many [J]. Small Business Economics, 2000, 15 (2): 149.

[82] BUYUKKARA G, BAHA KARAN M, TEMIZ H, et al. Exchange rate risk and corporate hedging: evidence from turkey [J]. Emerging Markets Finance and Trade, 2018: 1-17.

[83] CARPENTER M A, POLLOCK T G, LEARY M M. Testing a model of reasoned risk - taking: governance, the experience of principals and agents, and global strategy in high-technology IPO firms [J]. Strategic Management Journal, 2003, 24 (9): 803-820.

[84] CARRIÈRE-SWALLOW, YAN CÉSPEDES, LUIS FELIPE. The impact of uncertainty shocks in emerging economies [J]. Journal of International Economics, 2013, 90 (2): 316-325.

[85] CHAVA S, ROBERTS M R. How does financing impact investment? The role of debt covenants [J]. Journal of Finance, 2008, 63 (5): 2085-2121.

[86] CHEN C R, STEINER T L. Managerial ownership and agency conflicts:

a nonlinear simultaneous equation analysis of managerial ownership, risk-taking, debt policy, and dividend policy [J]. The Financial Review, 1999, 34 (1): 119-136.

[87] CHENG S J. Board size and the variability of corporate performance [J]. Journal of Financial Economics, 2008, 87 (1): 157-176.

[88] CHINTRAKARN P, JIRAPORN P, TONG S. How do powerful CEOs view corporate risk-taking? Evidence from the CEO pay slice (CPS) [J]. Applied Economics Letters, 2015, 22 (2): 104-109.

[89] CHRISTIANO L, MOTTO R, ROSTAGNO M. Risk shocks [J]. American Economic Review, 2016, 104 (1): 27-65.

[90] COLES J, DANIEL N, NAVEEN L. Managerial incentives and risk-taking [J]. Journal of Financial Economics, 2006, 79 (2): 431-468.

[91] COLLINS F, O HOLZMANN, R MENDOZA. Strategy, budgeting and crisis in Latin America [J]. Accounting, Organizations and Society, 1997, (22): 669-689.

[92] COLOMBO, VALENTINA. Economic policy uncertainty in the US: does it matter for the Euro area? [J]. Economics Letters, 2013, 121 (1): 39-42.

[93] CYERT R M. Personal computing in education and research [J]. Science, 1983, 222 (24): 569-569.

[94] D'SOUZA J, MEGGINSON W. The financial and operating performance of privatized firms during the 1990s [J]. Journal of Finance, 1999, 54 (4): 1397-1438.

[95] DEFUSCO R A, ZORN T S, JOHNSON R R. The association between executive stock option plan changes and managerial decision making [J]. Financial Management, 1991, 20 (1): 36-43.

[96] DEMERJIAN P, LEV B, MCVAY S. Quantifying managerial ability: a new measure and validity tests [J]. Management Science, 2012, 58 (7): 1229-1248.

[97] DEMIR E, GOZGOR G, LAU C K M, et al. Does economic policy uncertainty predict the Bitcoin returns? An empirical investigation [J]. Finance Research Letters, 2018, 26.

[98] DEBATA B, MAHAKUD J. Economic policy uncertainty and stock market liquidity [J]. Journal of Financial Economic Policy, 2018, 10 (1): 112-135.

[99] DOMINIKA L, REBECCA L. Taxation and corporate risk-taking [J].
The Accounting Review, 2018, 93 (3): 237-266.

[100] DRUCKER P F. Innovation and entrepreneurship: practice and principles [J].
Social Science Electronic Publishing, 1985, 4 (1): 85-86.

[101] DURNEV A. The real effects of political uncertainty: elections and
investment sensitivity to stock prices working paper [J]. Social
Science Electronic Publishing, 2010.

[102] FACCIO M, MARCHICA M T, MURA R. CEO gender, corporate risk-
taking and the efficiency of capital allocation [J]. Journal of Corporate
Finance, 2016 (39): 193-209.

[103] FACCIO M, MARCHICA M T, MURA R. Large shareholder
diversification and corporate risk-taking [J]. Review of Financial Studies,
2011, 24 (11): 3601-3641.

[104] FACCIO, MARA, MARCHICA, et al. CEO gender and corporate risk-
taking [J]. Social Science Electronic Publishing, 2014 (39): 193-209.

[105] FANG L, CHEN B, YU H, et al. The importance of global economic
policy uncertainty in predicting gold futures market volatility: a GARCH-
MIDAS approach [J]. Journal of Futures Markets, 2017.

[106] FARAG H, MALLIN C. The influence of CEO demographic
characteristics on corporate risk-taking: evidence from Chinese IPOs [J].
European Journal of Finance, 2016 (4): 1-30.

[107] FERNÁNDEZVILLAVERDE, JESÚS, GUERRÓN QUINTANA, et al.
Fiscal volatility shocks and economic activity [J]. Cepr Discussion
Papers, 2011, 105 (11): 3352-3384.

[108] FERRERO I. The impact of the board of directors characteristics on
corporate performance and risk-taking before and during the global
financial crisis [J]. Review of Managerial Science, 2012, 6 (3):
207-226.

[109] FERRIS S P, JAVAKHADZE D, RAJKOVIC T. CEO social capital, risk-
taking and corporate policies [J]. Journal of Corporate Finance,
2017 (47): 46-71.

[110] FIEGENBAUM A. THOMAS H. Attitudes toward risk and the risk-return
paradox: prospect theory explanations [J]. Academy of Management
Journal, 1988, 31 (1): 85-106.

[111] FRANCIS G, HOLLOWAY J. What have we learned? Themes from the

literature on best practice benchmarking ［J］. International Journal of Management Reviews，2010，9（3）：171-189.

［112］ GERVAIS S，et al. Overconfidence，investment policy and executive stock options ［R］. Social Science Electronic Publishing，2003.

［113］ GHOSH D，OLSEN L. Environmental uncertainty and managers' use of discretionary accruals ［J］. Accounting Organizations & Society，2009，34（2）：188-205.

［114］ GILCHRIST S，SIM J W，EGON ZAKRAJŠEK. Uncertainty，financial frictions，and investment dynamics ［J］. SSRN Electronic Journal，2010.

［115］ GORMLEY T A，MATSA D A，MILBOURN T. CEO compensation and corporate risk：evidence from a natural experiment ［J］. Journal of Accounting & Economics，2013，56（2-3）：79-101.

［116］ GRIFFIN D，YUE H，LI K. Cultural values and corporate risk-taking ［C］. 中国金融国际年会，2009.

［117］ GULEN H，ION M. Policy uncertainty and corporate investment ［J］. Review of Financial Studies，2016（29）：523-564.

［118］ HABIB A，HASAN M M. Firm life cycle，corporate risk - taking and investor sentiment ［J］. Accounting & Finance，2015（57）：465-497.

［119］ HAIDER J，FANG HX. CEO power，corporate risk - taking and role of large shareholders ［J］. Journal Of Financial Economic Policy，2018，10（1）：55-72.

［120］ HANDLEY K，NUNO LIMÃO. Trade and investment under policy uncertainty：theory and firm evidence ［J］. Cepr Discussion Papers，2012，7（4）：189-222.

［121］ HARJOTO M A，LAKSMANA I，YANG Y W. Board diversity and corporate risk - taking ［J］. Social Science Electronic Publishing，2014（23）：1-59.

［122］ HIGGINS D，OMER T C，PHILLIPS J D. The influence of a firm's business strategy on its tax aggressiveness ［J］. Contemporary Accounting Research，2015，32（2）：674-702.

［123］ HILARY G，HUI K W. Does religion matter in corporate decision making in America ［J］. 2009，93（13）：455-473.

［124］ JOHN K，LUBOMIR LITOV，BERNARD YEUNG. Corporate governance and risk-taking ［J］. The Journal of Finance，2008，63（4）：1679-1728.

［125］ JOSÉ MARÍA DÍEZ - ESTEBAN，FARINHA J B，CONRADO DIEGO

GARCÍA-GÓMEZ. How does national culture affect corporate risk-taking? [J]. Eurasian Business Review, 2018 (1): 1-20.

[126] JULIO B, Y YOOK. Policy uncertainty, irreversibility and cross - border flows of capital [J]. Journal of International Economics, 2016 (2): 13-26.

[127] JULIO B, YOOK Y. Political uncertainty and corporate investment cycles [J]. Journal of Finance, 2012 (1): 45-83.

[128] JURADO K, LUDVIGSON S C, SERENA N. Measuring uncertainty [J]. The American Economic Review, 2015 (3): 1177-1216.

[129] KENT D, MILLER. A framework for integrated risk management in international business [J]. Journal of International Business Study, 1999 (2): 311-329.

[130] KIM E H, LU Y. CEO ownership, external governance, and risk-taking [J]. Journal of Financial Economics, 2011, 102 (2): 272-292.

[131] KING R G, REBELO S T. Resuscitating real business cycles [J]. Social Science Electronic Publishing, 1999 (1): 927-1007.

[132] KINI O, WILLIAMS R. Tournament incentives, firm risk and corporate policies [J]. Journal of Financial Economics, 2012, 103 (2): 350-376.

[133] KNIGHT F H. Risk, Uncertainty and profit [J]. Social Science Electronic Publishing, 1921 (4): 682-690.

[134] KOERNIADI H, KRISHNAMURTI C, TOURANIRAD A. Corporate governance and risk-taking in New Zealand [J]. Australian Journal of Management, 2014, 39 (20): 227-245.

[135] LEDUC S, LIU Z. Uncertainty shocks are aggregate demand shocks [C]. Elsevier B.V. 2016: 20-35.

[136] LEE E J, CHAE J, YU K L. Family ownership and risk - taking [J]. Finance Research Letters, 2018 (25): 69-75.

[137] LEE S. Economic policy uncertainty in the US: does it matter for Korea? [J]. East Asian Economic Review, 2018 (22).

[138] LEONCE L B, KENNETH M L, CHAD J Z. Sarbanes - Oxley and corporate risk-taking [J]. Journal of Accounting & Economics, 2010, 49 (1): 34-52.

[139] LI J, TANG Y. CEO hubris and firm risk-taking in China: The moderating role of managerial discretion [J]. Academy of Management Journal, 2010, 53 (1): 45-68.

[140] LI K, GRIFFIN D, HENG YUE, et al. How does culture influence

corporate risk-taking? [J]. Journal of Corporate Finance, 2013, 23 (4): 1-22.

[141] LIU Y, GAN H, KARIM K. Corporate risk‐taking after adoption of compensation clawback provisions [J]. Review of Quantitative Finance and Accounting, 2019: 1-33.

[142] LJUNGQVIST A, ZHANG L, ZUO L. Sharing risk with the government: How taxes affect corporate risk‐taking [J]. Journal of Accounting Research, 2017, 55 (3): 669-707.

[143] LOW A. Managerial risk-taking behavior and equity-based compensation [J]. Journal of Financial Economics, 2009, 92 (3): 470-490.

[144] PASTOR L, VERONESI P. Political uncertainty and risk premia [J]. Social Science Electronic Publishing, 2011, 110 (3): 520-545.

[145] LUMPKIN G T, DESS G G. Clarifying the entrepreneurial orientation construct and linking it to performance [J]. Academy of Management Review, 1996, 21 (1): 135-172.

[146] MCLEAN R D, ZHAO M X. The business cycle, investor sentiment, and costly external finance [J]. Social Science Electronic Publishing, 2014, 69 (3): 1377-1409.

[147] MILES R E, SNOW C C. Organizational strategy, structure and process organizational strategy, structure and process [M]. New York: McGraw-Hill, 1978.

[148] MISHRA D R. Multiple large shareholders and corporate risk‐taking: evidence from East Asia [J]. Corporate Governance: An International Review, 2011, 19 (16): 507-528.

[149] SEVERE S. An empirical analysis of bank concentration and monetary policy effectiveness [J]. Journal of Financial Economic Policy, 2016, 8 (2): 163-182.

[150] MUMTAZ H, THEODORIDIS K. The international transmission of volatility shocks: an empirical analysis [J]. Journal of the European Economic Association, 2015, 13 (3): 512-533.

[151] NAKANO M, NGUYEN P. Board size and corporate risk-taking: further evidence from Japan [J]. Corporate Governance an International Review, 2012, 20 (4): 369-387.

[152] NGUYEN P. The impact of foreign investors on the risk-taking of Japanese firms [J]. Journal of the Japanese and International Economies, 2012,

26 (2): 233-248.

[153] NGUYEN P. Corporate governance and risk‐taking: evidence from Japanese firms [J]. Pacific‐Basin Finance Journal, 2011, 19 (3): 278-297.

[154] NINI G, SMITH D C, SUFI A. Creditor control rights and firm investment policy [J]. Social Science Electronic Publishing, 2006, 92 (3): 400-420.

[155] OOSTHUIZEN H. An evaluation of the relevance of the miles and snow strategic typology under uncertainty—the emperor's new clothes or a paradigm shift? [J]. South African Journal of Business Management, 1997, 28 (2): 63-72.

[156] PALAZZO B. Cash flows risk, capital structure, and corporate bond yields [J]. Annals of Finance, 2019.

[157] PALIGOROVA T. Corporate risk‐taking and ownership structure [J]. Staff Working Papers, 2009, 3 (18): 1-36.

[158] PALMER T B, WISEMAN R M. Decoupling risk‐taking from income stream uncertainty: a holistic model of risk [J]. Strategic Management Journal, 1999, 20 (11): 1037-1062.

[159] PASTOR L, VERONESI P. Political uncertainty and risk premia [J]. Journal of Financial Economics, 2013, 110: 520-545.

[160] PATHAN S. Strong boards, CEO power and bank risk-taking [J]. Journal of Banking & Finance, 2009, 33 (7): 1340-1350.

[161] PELTOMAKI J, SWIDLER S, VAHAMAA S. Age, gender and risk‐taking: evidence from the S&P executives and firm riskiness [R]. Social Science Electronic Publishing, 2015.

[162] PELTOMAKI J. Age, gender and risk-taking: evidence from the S&P 1 500 executives and firm riskiness [J]. Social Science Electronic Publishing, 2015, 2 (15): 22-67.

[163] PORTER M E. Competitive strategy: techniques for analyzing industries and competitors [M]. New York: The Free Press, 1980.

[164] RADCHENKO P, JAMES G M. Variable inclusion and shrinkage algorithms [J]. Publications of the American Statistical Association, 2008, 103 (483): 1304-1315.

[165] ROSSI B, SEKHPOSYAN T. Macroeconomic uncertainty indices based on nowcast and forecast error distributions [J]. The American

Economic Review, 2015, 5: 650 –655.

[166] SAH R K, STIGLITZ J E. The quality of managers in centralized versus decentralized organizations [J]. The Quarterly Journal of Economics, 2006, 106 (1): 289–295.

[167] SAINI A, MARTIN K D. Strategic risk - taking propensity: the role of ethical climate and marketing output control [J]. Journal of Business Ethics, 2009, 90 (4): 593–606.

[168] SCHUMPETER J A. The theory of economic development: an inquiry into profits, capital, credit, interest and the business cycle [J]. Social Science Electronic Publishing, 1934, 25 (1): 90–91.

[169] SCOTT R B, NICHOLAS BLOOM, STEVEN J D. Measuring economic policy uncertainty [J]. Quarterly Journal of Economics, 2016, 131 (4) 1593–1636.

[170] SCOTTI C. Surprise and uncertainty indexes: real-time aggregation of real activity macro surprises [J]. Journal of Monetary Economics, 2016 (1): 1–19.

[171] SEGAL G, SHALIASTOVICH I, YARON A. Good and bad uncertainty: macroeconomic and financial market implications [J]. Journal of Financial Economics, 2015 (2): 369 –397.

[172] SHAKER A ZAHRA. Entrepreneurial risk - taking in family firms [J]. Family Business Review, 2005, 18 (1): 23–40.

[173] CH S. Board size and the variability of corporate performance [J]. Journal of Financial Economics, 2008, 87 (1): 157–176.

[174] SHIN H, PARK Y S. Financial constraints and internal capital markets: evidence from Korean chaebols [J]. Journal of Corporate Finance, 1999, 5 (2): 169–191.

[175] SHIVARAM R, TERRY S. Empirical evidence on the relation between stock option compensation and risk-taking [J]. Journal of Accounting and Economics, 2002, 33 (2): 145–171.

[176] SITKIN S B, PABLO A L. Reconceptualizing the determinants of risk behavior [J]. Academy of Management Review, 1992, 17 (1): 9–38.

[177] SITKIN S B, WEINGART L R. Determinants of risky decision - making behavior: a test of the mediating role of risk perceptions and propensity [J]. Academy of Management Journal, 1995, 38 (6): 1573–1592.

[178] STEIN L, E STONE. The effect of uncertainty on investment, hiring

and R & D [J]. American Economic Review, 2007, 97 (2): 250-255.

[179] SU W, LEE C Y. Effects of corporate governance on risk - taking in Taiwanese family firms during institutional reform [J]. Asia Pacific Journal of Management, 2013, 30 (3): 809-828.

[180] SUNDER S. Properties of accounting numbers under full costing and successful-efforts costing in the petroleum industry [J]. Accounting Review, 1976, 51 (1): 1-18.

[181] THOMAS RE. The effect of CEO equity ownership and firm diversification of risk-taking [J]. Strategic Management Journal, 2002, 23 (6): 513-534.

[182] ULRIKE M, GEOFFREY T, JON Y. Overconfidence and early - life experiences: the effect of managerial traits on corporate financial policies [J]. The Journal of Finance, 2011, 66 (5): 1687-1733.

[183] VIRAL V, ACHARYA, YAKOV A, et al. Creditor rights and corporate risk-taking [J]. Journal of Financial Economics, 2011, 102 (1): 150-166.

[184] WALLS M R. Corporate risk-taking and performance: a 20 year look at the petroleum industry [J]. Journal of Petroleum Science & Engineering, 2005, 48 (3): 127-140.

[185] WANG C J. Board size and firm risk-taking [J]. Review of Quantitative Finance & Accounting, 2012, 38 (4): 519-542.

[186] WHITED L T. The effect of uncertainty on investment: some stylized facts [J]. Journal of Money, Credit and Banking, 1996, 28 (1): 64-83.

[187] WRIGHT P, KROLL M, KRUG J A, et al. Influences of top management team incentives on firm risk - taking [J]. Strategic Management Journal, 2007, 28 (1): 81-89.

[188] WRIGHT P. Impact of corporate insider, block holder and institutional equity ownership on firm risk - taking [J]. Academy of Management Journal, 1996, 39 (2): 441-458.

[189] XUAN V V. Foreign investors and corporate risk - taking behavior in an emerging market [J]. Finance Research Letters, 2016 (18): 273-277.

[190] YIZHONG WANG, CARL R C. Economic policy uncertainty and corporate investment: evidence from China [J]. Pacific-Basin Finance Journal, 2014 (26): 227-243.

索引